「ちゃんとした自分」をあきらめたら、年収が上がりました。

“経歴よわよわ”
な私の働きかた戦略

こむたろ
Komutaro

大和出版

はじめに

わたしが「キャリア迷子」から抜け出せた理由

「なんで会社に行くのが毎日こんなにつらいんだろう」
「今の環境から抜け出したい、でもこわい」
「収入を増やしたいけど、スキルが無いし、どうしたらいいのか」

社会人になってから、わたしはずっと、こんなふうに悩んでいました。

そして同時に、「あきらめて」もいました。
仕事ができないし、スキルも実績もない。今の会社にしがみつくしかないんだ。
社会人ってきっとそういうものだし、働くには我慢がつきものだよね、と。

だからこそ、こんな考えに囚われていました。

・無理してでも仕事を続けなければいけない。
・安定した企業で働かないといけない。
・ずっと正社員でがんばらないといけない。
・評価される実績を出さないといけない。

仕事ができないなら、せめて「ちゃんとした自分」でいないと、と思っていたのです。

しかし、この考えこそが、働くことを大変でしんどいものにしていました。
「ちゃんとした自分でいよう」としてもうまくできず、「ちゃんとしよう」と思えば思うほど、苦しくなっていたからです。

はじめまして、こむたろと申します。
わたしは現在30代。今でも忍耐力はないし、自分を追い込めずにキャパも狭いです。「自分の生活」が大事だし、仕事だけに人生を注ぐこともできません。

だけど「年収」も「やりがい」もあきらめたくない。そんな、ワガママな人間です。

新卒でホワイト企業に入社したわたしは、仕事がぜんぜんできないダメ社員。上司に「なんで、あたりまえのことができないの？」と怒られ、よく泣いていました。学生時代に転々としたアルバイトでも、わたしはずっと「仕事ができない人」として見られていたと思います。

どの職場でもこうなんだから、もう働くこと自体向いていないんじゃないか、と真剣に悩んでいたほどです。

それから時はたち、わたしは「自分に合う働きかた」を模索しながら、4回の転職を経験。今ではあの頃がウソのように、「仕事ができない」と悩むことも、「毎日がしんどい」と思うこともなくなり、心地よく働けるようになりました。3回目の転職で入社した会社では、年収が750万円に。

しかしその間、一般的なキャリアアップの転職ルートをたどってきたわけではありません。数年の無職期間や、アルバイト求人サイトで見つけた在宅ワークの仕事をしていた期間もあります。

そうです。わたしは、〝誰かの正解〟を目指すことをやめました。

つまり、世間で言うところの「ちゃんとした自分」でいることをあきらめたのです。

この本では、「ちゃんとできない自分」が、どのように心地よく働けるまでに至ったのか。無職や、正社員でなかった期間があるのに、どうして年収アップの転職を叶えられたのかについて、余すことなく伝えています。

そして、心地よく働くために**「自分の中にある答え」**を見つけて、納得のいく働きかたを叶えるためのワークを盛り込みました。

人生にモヤモヤしている人が、自分を大きく変えずに、心地よく働くにはどうすればいいのか。その答えのヒントを、本の各所にちりばめています。

各章に書いていることは、次のとおり。

・第1章…仕事ができず、転職するのもこわかった状態から、一歩踏み出せた方法

・第2章、3章…「やりたいことがわからない」「自信がない」「スキルがない」の三拍子そろった状態から、どうやって納得できる転職をしたのか

・第4章…選択に迷ったとき、どのようにして自分の答えを見つけたのか

・第5章…年収アップするための会社選びと、自分に合う会社の見つけかた

・第6章、7章…〝経歴よわめ〟な人の転職活動のコツ

・第8章…今のわたしの働きかたや、わたしが考えるこれからの時代の働きかた

今でもわたしは、働くことにモチベーションが高いわけではありません。

でも、生きていくために「どうせ働かないといけないのなら」、1日の大半の時間を費やす仕事の時間を、できるだけ心地よく過ごしたい。

本当にこの思いだけで、ここまで来ました。

この本に書いてあることは、「誰にでも」できることです。

「そんな甘いこと言って、どうせうまくいかないでしょ」と思う人もいるかもしれません。もちろん、そんな気持ちを抱えたままでいいのです。

この本を読んで、あなたも**「自分で選ぶ」**人生を歩んでみませんか？

こむたろ

目次「ちゃんとした自分」をあきらめたら、年収が上がりました。

第2章

やりたいことはないけど転職したい
～「得意なこと」がない人の仕事の選びかた～

第3章 スキルなし、自信なし、努力ニガテなわたしでも大丈夫？
～実績がなくてもできる未経験転職の叶えかた～

第4章

今の会社に残る？ 転職する？ それとも第3の選択？
～迷ったときの答えの見つけかた～

第5章

自分に本当に合う会社選びって？
～〝転職ガチャリスク〟を減らす会社の見極めかた～

第6章

書類選考も面接も落ちてばかり……
～〝経歴よわめ〟な人でもうまくいく転職活動のコツ～

第8章

ポジティブにあきらめれば働く選択肢が広がる
~自分に合う働きかたを見つける方法~

本文イラスト　にぇり
本文レイアウト　岩永香穂(MOAI)
本文DTP　美創

第1章

ホワイト企業に入社するも、自信喪失の毎日……

～生きづらさから抜け出す愚痴の吐き出しかた～

1 どのアルバイトも続かなかった学生時代

さかのぼること、社会人になる前の大学時代。


高校卒業後、大学の経済学部に入学。

大学と学部を選んだ理由はただひとつ。

受かった大学の中で「まだいちばん偏差値が高かったから」。

この頃から自分の軸を持たずに、世の中の正解の中から、人生の選択をすることがすでに染み付いていていました。


大学生活はというと、馴染めなかったサークルは数ヶ月でフェードアウト。

授業をさぼりつつ、週4くらいのペースでバイトをし、遊んで暮らしていたという典型的な〝意識低い系〟学生生活を過ごしていました。

じゃあ、せめてバイトでは活躍していたのか？　というと、**残念ながら、この頃すでにわたしは「仕事できないキャラ」を確立していました。**

いろいろなアルバイトを渡り歩いたけれど、特にひどかったのは接客業。

コンビニでのアルバイトは、覚えることが多すぎてミスが多く、3ヶ月も続きませんでした。

その後、居酒屋でアルバイトを始めたものの、ミジンコ並みの腕力でどうしてもお皿を両手それぞれに持って運ぶことができず、効率が悪い……。

さらには誤って、座敷席のお客さんのブーツの中にビールを流し込んでしまったことも。

レジ打ちでも5千円札を受け取ったのに、1万円札を受け取ったと勘違い。そのままもらった金額以上のお釣りをお客さんに渡してしまい、大問題になるなど……。

人にたくさん迷惑もかけたし、はっきり言ってものすごく仕事できない人でした。

大学時代の数年間は、特に大きなチャレンジも変化もなく過ごしました。

そうして、面接官ウケの良さそうなネタを一切持ち合わせていないまま、就職活動に挑むことになります。

○ ホワイト企業入社だけを目指した就職活動

就職活動では、「とにかく安定したホワイト企業に入りたい」これだけを目標にしていました。

わたしの頭の中の方程式では、「ホワイト企業に入る＝平和に暮らせそう&間違いない」が成り立っていたからです。

希望職種は、なんとなくカッコよくて、クリエイティブで、仕事ができそうな人がやっているイメージがあった「企画」を選びました。

そんな浅はかな感じだったので、もちろん就職活動は大苦戦。

学生時代をちゃらんぽらんに過ごしてきたうえ、人前で話すなんてことも、これまでの人生でやったことがない。

就職活動のときだけ、人が変わったように内定無双するなんてことは、もちろん起こりませんでした。

自己分析っぽいことはやっていましたが、「内定をもらうため」にやっていただけで、自分の本心とは全く向き合っておらず。

どう答えれば「会社の正解」になれるのか、そんなことばかり考えていました。

そんなこんな、１００社以上エントリーをして、やっとのことで内定をもらったのはたったの1社。

ありがたくその会社に入社し、わたしの社会人生活がスタートしたのです。

そうして入社した会社はいわゆる「ホワイト企業」と呼ばれるような企業。

そしてなんと、配属は希望どおりの「企画部」（単純にほかに希望者がいなかっただけ）。

「安定企業に入る」という目標をクリアし、とても良いスタートを切れたつもりでいました。

○ とにかく仕事ができないダメ社員だった

会社はおだやかな性格の人が多い社風で、有給休暇も取りやすい雰囲気。

年功序列型の人事評価制度であり、長く所属しているだけでお給料は上がっていく仕組みでした。

同期とも仲が良く、順風満帆な社会人生活を送るにあたって、こんなに適した環境他にはないと思っていたのです。

しかしですね、**「まぁ〜思ってたんと違う」**。

こんなに恵まれた環境であったにも関わらず、圧倒的に仕事ができなかったのです。

「新入社員だからそんなもんだよね」って言ってもらえる時期をゆうに超えて、入社して3年目になっても相変わらずできない。

当時のわたしと言えばこんな感じ。

とにかく仕事が遅い

そんなに仕事量はないはずなのに、なぜか残業が多い。

上司から「なんでそんなに残業しているの?」とか「抱えているタスクと、かかった時間を1分単位でリストにして報告して」と言われてしまう始末。

クオリティ低いのになぜかオリジナリティだそうとする

「クライアントへの提案書を作ってみて」という上司からの指示。

これに対して、いっさい相談せずに、勝手にじっくり時間をかけて「漫画で読める提案書」を完成させ、上司を絶句させる。

ムダに偉そう

指示された仕事に対して、「これってやる必要ありますか？」と少し不満気に質問したりして、「つべこべ言わずやれ」と言われる。

業務時間ほぼネットサーフィン

3年目に突入し、組織変更があってからは、突然やることがあんまりなくなり、上司に聞いても特に仕事が降りてこず、1日の大半をネットサーフィンして過ごす。

誰がどうみても「仕事できなくてイタいヤツ」ですよね……。

思い出しながら書いているだけで、恥ずかしくなります。

当時の上司には、今でも申し訳ない気持ちです。

こんな感じで、とにかく仕事できナイ、その状況を打破するやる気もナイ、自信もナイ、という三拍子がそろっており、会社に行くのが毎日すごく憂鬱に。

「仕事の能力もないし、意欲もない、自分ってほんと終わってるな」と自己否定モードが止まらず、ダークサイドにおちいっていったのでした。

こむたろの気づき

自分の軸を持たずに選択すると、自信を持ちにくい

2 仕事辞めたいけど、転職するのはこわい

こんなにも会社に行くのがつらいなら、転職する……？

でも、今の恵まれた環境ですら仕事ができないのに、スキルのない「ぽんこつ」な自分を雇ってくれる会社なんてあるのかな。

もしあったとしても、待遇がかなり悪いとか、ブラック企業だとか、そういう会社しかないのでは……？

そんな気持ちで転職について調べると、「まずは今の環境で実績をだしてから」とか「逃げの転職は失敗する」など、グサッとくる情報がたくさん出てきて、やっぱり転職なんてムリなのかも……と絶望していました。

仕事もがんばれない、でも、今のままのわたしでは転職はむずかしそう。詰んだ……。

ダークサイドにおちいり、目に光がない状態でなんとか仕事に行く日々。

「だったら気持ちを入れ替えて、目の前の仕事をがんばれよ」

そういう声が聞こえてきそうです。

しかし、どうしてもがんばる気力が湧いてこなかったのです……。

当時、社内でのわたしの働きぶりといえば、1分おきに時計をチェックしてしまうほどやることがない。

何をすれば良いのか周りに相談しようにも、なにしろ大きな組織変更があったばかりの部署で混沌としており、相談できませんでした。

「どうしたらこの状況を変えられるのか」がわからず、わたしはただ情けない気持ちで毎日パソコンの前に座っていました。

ネットサーフィンばかりしていてお給料がもらえる環境。そんなラクなことはない！　と思う人もたくさんいますよね。

これで「大変でした」ってどの口が言えるのって感じだと思うのですが、とにかくわたしにとっては苦痛だったのです。

忙しいのも大変ですが、毎日やることがなく暇なのって、それはそれでつらいものです。「甘えなのかな？　おかしいのかな？」と自分を責めていました。

やっぱり転職をして環境を変えるしかないよな……。

でもほかでやっていける自信がないしこわすぎる……。

この安定企業を辞めたら後悔するかもしれない……。

転職してもっと働く環境が悪くなることだってあり得るし、そうしたら取り返しがつかなくなるのでは……。

このように、わたしは完全なる〝ネガティブ沼〟にハマっていました。

○同じ悩みを持ち続けるのはラクじゃない

どうにかこの不満だらけの状況から抜け出したい……。

そう自分を奮い立たせて転職サイトに登録してみるものの、実際に履歴書を書いたり、求人に応募するなど、なかなか転職活動をするまでに至らず。

いざ転職のことを考えようとすると、アレルギーのような拒否反応を起こし、自動的に思考停止状態になっていました。

なぜ行動に移せなかったのかというと、「やりたい仕事」や「活かせるスキル」などを具体的に考えると、**何も持っていないダメな自分と真正面から向き合わないといけない気がして、こわかったのです。**

だけどだんだんと、ダメな自分に向き合うよりも、現実から目を背けて同じ不満や悩みを持ち続けているほうが、こわいかも……？　と思い始めました。

この会社に新卒で入社してから3年間、ずっと「つらい」と思いながら働いていました。

今ここで動かなかったら、「辞めたい」という気持ちを抱えたまま、この先何年も、何十年も働き続けることになる。

そう考えたら、このまま何もやらないでいる方がずっとこわい、そんな気持ちになったのです。

そこまでたどり着いて、やっと重い腰を上げることができました。

この現状を変えるために勇気をふりしぼり、最初に取り組んだことは、**ノートに愚痴を書きなぐってみること。**

まずは、自分の本音を知る必要がある、と思ったからです。

わたしはこれまで、感情を「置いてきぼり」にして、いろんな選択をしてきました。

自分が「どう感じているのか」という気持ちにフタをして、「こうしなければ」と

いうことばかり優先して考えていたのです。

たとえば、

・仕事がつらいのは、きっと自分の能力が低すぎるからだ
・自分の能力では、こんな優良企業には二度と入れないだろうから、辞めちゃいけない
・何かしらアピールできるような実績を出さないと転職する資格はない

など感情を無視し続けていた結果が、今の苦しい状況を生み出しているのではないか、と。

だからこそ、自分の本音を知るために、「こうしなければ」という気持ちをいったん外して、思いっきり素直な愚痴を吐き出してみたのです。

○ 愚痴を吐き出してみるノート

STEP1　とにかく思いつくままに愚痴を吐き出す
ポイント：「自分はダメなヤツ」という考えはいったん忘れる

STEP2　「1で吐き出した愚痴」が「なぜ」イヤなのかを考える

STEP3　愚痴を裏返す
ポイント：不満から自分の希望を知る

STEP4　愚痴の中でも、耐えられないものは？

愚痴を吐き出すノート

Step 1 思いつくままに愚痴を吐き出す

A 存在価値が感じられず、自信が持てない
B やる気がないおじさんたちが嫌だ
C 意思決定にいちいち時間がかかりすぎる
D 細かい決まりごとが多くてキツイ
E 保守的すぎる
F 残業してる人ほど偉いみたいな空気感
G 事業内容に興味がなさすぎる

Step 2 1が「なぜ」イヤなのか？

A 会社が潰れたら行く当てがなさそう
B 重箱の隅をつつくような会議が建設的に思えない
C スピード感がなさすぎる
D 性格に合わないし、どうでも良いと思っちゃう
E 石橋をたたいても渡らないような社風がムリ
F 評価が本質的でないと感じてしまう
G 自分の中から「どうしたい」が全く出てこない

Step 3 2を裏返す（どういう環境が良いのか）

Step 4 耐えられないものは？

A 行く当てのある人になれる ✓
B 仕事に前向きな姿勢が感じられる □
C ある程度のスピード感をもって仕事を進められる ✓
D ある程度大雑把に走りながら進められる □
E チャレンジ寄りの組織 □
F どちらかと言えば結果で評価してくれる組織 □
G 「好き」とまではいかなくても
「身近なもの」や「いいと思えるもの」を扱える ✓

○ 愚痴は役に立つ

「愚痴を吐き出してみるノート」で自分のことを棚に上げてみたら、今の環境に対する愚痴や不満が出てくること出てくること。

愚痴の中でも、「これはまだ流せるレベルだな」という軽いものもあれば、「もう、どうしても耐えられそうにない」という深刻なものまでレベル感はいろいろ。

大小さまざまな愚痴を眺めながら、こう思いました。

「〝どうしても耐えられない〟と感じる愚痴を何とかしないと、わたしのモヤモヤは晴れないだろう」、と。

そのため、とりあえず数ある愚痴の中から「どうしても耐えられないもの」を選ぶことにしました。それがこの3つ。

スキルや強みが自分になく、行く当てがない状況

企画部で3年働いていたけど、一度も企画が世に出たことはない。つまり実績なし。万が一会社がつぶれたときに、ほかの会社に転職できる気もしない……こわすぎる。

意思決定に時間がかかり、仕事のスピード感がまったくない状況

ずっと社内資料ばかり作っていて、事業を前に進めている感覚や、自分が成長している実感がなさすぎて……不安になる。

会社の事業に興味がなさすぎる状況

システム事業をしている会社なのに、システムに興味が湧かなすぎて、どうしましょう。

そして、しばらく自分の愚痴を眺めているうちに、ふと気づきました。

愚痴は「願望」の裏返しだということに。

実際に先ほどのわたしの愚痴を裏返してみると……。

【愚痴】スキルや強みがなく、行く当てがない状況

←（逆にすると）

【願望】行く当てのある人材になれる

【愚痴】意思決定に時間がかかり、仕事のスピード感がまったくない状況

←（逆にすると）

【願望】スピード感のある環境で働く

【愚痴】今いる会社の事業に興味がなさすぎる状況

←（逆にすると）

【願望】少しでも興味がある事業にかかわる

こむたろの気づき

愚痴の裏には言語化されていない願望が隠れている

このように、愚痴や不満って「今の状態じゃイヤだ」と思うから出てくるもの。
つまり、本当は「こんな環境で働きたい」という願望が隠れていたのです。

・行く当てのある人材になれる
・スピード感のある環境で働く
・少しでも興味がある事業にかかわる

ずっと向かうべき方向性が見えなくて悶々としていたけれど、入社3年目にしてようやく「この3つを叶えられる環境に転職をしよう」と決意しました。

愚痴、あなどれない。

第1章の変化

Before

- 今の環境はつらいけれど、転職するのもこわい
- 自分の感情を置いてきぼりにして、「こうしなければ」で選択をしてきた

After

- ずっと同じ不満や悩みを持ち続けているほうがこわい
- 本音と向き合って、愚痴を吐き出したら「こうしたい」が見えてきた

第2章

やりたいことはないけど転職したい

~「得意なこと」がない人の仕事の選びかた~

3 やりたいことがわからない

転職する覚悟を決めたからといって、いざ応募したい企業を探そうとしても、何をどう探せば良いのかわかりませんでした。

いまだにやりたいことがわからなかったからです。

当時のわたしはずっと「本当にやりたいことを見つけたい」と思っていました。そうでないと、いきいき働けない、と。

せっかく転職するのだから、早くやりたいことを見つけたい。

だけど、やりたいことってどうやって探せば良いのだろう?

堂々めぐりになり、1人で考えることに限界を感じたわたしは、「やりたいことの見つけかた」について、本やネットで調べてみることにしました。

○「好きなこと」と「得意なこと」を探してみたけれど……

このとき、何度も目にしたのは、**「好きなこと」×「得意なこと」、「この2つが重なること」を仕事にしたほうが良いという考えかた。**すごくシンプルでわかりやすい。

（そっか！　まずは「好きなこと」と「得意なこと」を考えれば良いのか！）

わたしの「好きなこと」は……？）

- 漫画を読む
- ゴロゴロする
- 美味しいものを食べる
- カフェでお茶する
- 旅行に行く

（……うん。これってただの趣味だよね？　じゃあ「得意なこと」に行ってみよう。

あれ？「得意なこと」ってなんだろう……？）

ずっと「仕事できないヤツ」として生きてきたわたしは、評価をされた経験がほとんどなかったため**「得意なこと」が本当にわからなかったのです。**

（困ったな……「得意なこと」はいったんあきらめるしかないかな？
「好きなこと」ならいっぱいあるから、そこからヒントを見つけてみよう）

（カフェが好きだからカフェで働く？　でも接客はニガテだしなあ……。
あ、カフェの空間が好きだから、「空間デザイナー」はどうだろう？
うーん、でも今から学校に通うほど熱量はないぞ。
だったら、大好きな漫画や旅行に関連する仕事はどう？）

こんなふうにぐるぐる考えてみたけれど、最終的には「あえて、好きなことを仕事にしたくない」という結論にたどり着きました。

「好きなこと」に関しては、あくまで「お客さんの立場でいることが好き」なのであって、提供する側にはなりたくない。ということに気づいてしまったからです。

こうやって「やりたいこと」を探すほど、出口のない迷路にどんどん迷い込んでいきました。

○「やりたいこと」は、都合よく降ってこない

そもそも「やりたいこと」って「仕事」という枠の中で都合よく見つかるもの？

「仕事」の縛りがなかったら、そりゃ、やりたいことはたくさんある。

いっぱい寝たいし、美味しいもの食べたいし、旅行にも行きたい。

でも「仕事」の中で探そうと思うとさ……（思考停止）。

周りを見ても、「仕事でやりたいこと」が明確な人はほとんどいないです。

仲の良い友人に、小さい頃からの夢を叶えてファッションデザイナーになった子がいますが、そういう人はわたしにとってはレアキャラな、憧れの存在でした。

わたしだって学生時代から「やりたいことを見つけたい」と考えてはいるけれど、ちっとも見つからない。

もしかしたら一生見つからないってこともあり得る。

なぜか「探せば見つかる」と考えていたけれど、絞りだして出てくるものではない気がしてきました。

もう「やりたいこと」を見つけるのは、いさぎよくあきらめたほうがよくない？
その前に、まずは今の自分を肯定するところからがスタートなのかもしれない。

今のわたしに必要なのは、「やりたいこと」を探すよりも、**「やりたいことがない」という事実を受け入れることなのではないかと思ったのです。**

やりたいことが見つからないならばいっそ、見つからないままで「いい感じ」に働く方法を見つけてみよう。そう決めました。

こむたろの気づき

「好きなこと」をムリヤリ仕事に結びつけなくてもいい

4 やりたいことがない人でも、いい感じに働くコツ

では、「やりたいこと」のない人が「いい感じ」に働くためにはどうすれば良いのでしょうか。

わたしは、「やりたいこと」を仕事にするより「心地よく働く」状態を目指すことにしました。

なぜなら、当時の職場環境がまったく心地よくなかったから。

学生時代のアルバイトも、社会人になってからの仕事でも、ちっともわたしは「心地よく」働けていませんでした。

どの職場でも仕事ができなかったし、上司には怒られてばかりで人知れずトイレで泣くことも。つらいことのほうが多かったのです。

自分にとって合わない環境で、苦手な仕事をする「しんどい」状態。

この状態から抜け出すだけで、今よりずっと気持ちよく働けるんじゃない？　と考えたのです。

○「働きたい環境」×「できること」の重なりを見つけよう

しんどい状況を抜け出し「心地よく」働くために、わたしが満たしたいと思った条件はこの2つです。

① 働きたい環境で働ける

自分の価値観に近い環境であるほど、モヤモヤが生まれにくそう

② 自分のことを認めてもらえる

認めてもらえれば、自分の居場所を作りやすそう

①の「働きたい環境で働ける」は、すでに第1章、32ページの「愚痴を吐き出して

みるノート」で理想が見えました。

じゃあ、②の「自分のことを認めてもらえる」にはどうすれば？

これについては、「できることを仕事にしたほうが良い」と考えました。

根本的に苦手なことで修行を積むより、できることをやったほうが労力をかけずに認めてもらえるだろうな、と。

ただ、自分に自信がなさすぎた当時のわたしは、実績やスキルがある人にしか「できること」はないよね？　と思っていました。

ここで言う実績やスキルとは、たとえば次のようなことです。

- **売上150％アップを達成した、社内で表彰された**
- **むずかしい仕事で経験を積んだ、英語がビジネスレベル、資格を持っている**

しかし、これは盛大な勘違いでした。

なぜなら、実績やスキルって、「できること」をやった〝結果〟としてついてくるものだからです。順番が逆なんですよね。

【原因】「できること」をやる
←
【結果】実績やスキルとなる

つまり、実績やスキルがない今のわたしにも、「できること」ならあるかもしれないと思えたのです。

そうしてわたしは、「働きたい環境」×「できること」で心地よく働くことを目指すことにしました。

○「できること」はネガティブに探す

では、そんなわたしに「できること」って何でしょう？
この頃のわたしは、とにかく自分に自信がなく、仕事でも褒められた記憶がありません。
だから「できること」を探そうと思ってもむずかしいと感じる気持ちのほうが強く、一筋縄ではいきませんでした。

その一方で「コンプレックス」なら、呼吸するようにすらすら思いついたんです（わりと悲しい事実ですが）。

「できること」や「得意なこと」がたくさん浮かぶ、という方ももちろんいると思います。

でも、わたしのように「苦手なことのほうがたくさん浮かぶ」という人も、きっと

たくさんいますよね？

それならいっそのこと、「できること」をひねり出すのではなく、ネガティブな面やコンプレックスからとことん考えてみよう、と振り切ってみることに。

第1章でお話ししたように、自分の愚痴を裏返してみると、そこには「願望」が隠れていたことがわかりました。

それと同じように、ネガティブなこと、自信を持って得意とは言えないけどこなせること、普段からよくやっていることから、「できること」を見つけられるかもしれない、と思ったのです。

○「できること」を見つけるノート

〈共通ポイント〉

・本音で素直に書き出す

・考え込まずにポンポンと

・内容のダブりは気にしない

「できること」「大事にしていること」を見つけるワーク

コンプレックスに感じていることや苦手なことを書き出します。「逆に言うと？」と問いかけて、ポジティブに言い換えてみましょう。自分にできることや大事にしている価値観がわかります。

Q1. 人からよく注意されたことは？
Q2. コンプレックスに感じていることは？
Q3. 人についイライラしてしまうことは？
Q4. 苦手なことは？
Q5. やりたくないことは？
〈掘り下げ〉Q1～Q5で書いた内容を、「逆に言うと？」で裏返す

「こなせること」「人から褒められること」を見つけるワーク

人から褒められたり、得意とまでは言えなくとも「こなせる」と思っていることを

書き出してみましょう。「つまり何ができそう？」と問いかけて、「できること」を見つけます。

Q1．人から褒められることは？
Q2．自分の中では「こなせる」と思っていることは？
〈掘り下げ〉Q1、Q2について、「つまり何ができそう？」を書き出す

「つい時間を費やしてしまうこと」を見つけるワーク

「普段やっていること」＝「自分にとって心地よいこと」だと言えます。たとえば、「人」に多く時間を割いているなら、「人とのコミュニケーション」の割合が多い仕事が向いていると考えられます。

Q　普段の生活で時間を使ってる割合は？
人：人とコミュニケーション
モノ：機械や道具などの、モノの操作やモノづくり
情報：知識や情報を集める、扱う
〈掘り下げ〉Qについて、「具体的に何してる？」を書き出す

「できること」を見つけるノート

ポイント
・誰にも見せないので本音で素直に
・考え込まずにポンポン書き出す　・内容のダブりなどは気にしない

「できること」「大事にしていること」を見つけるワーク

	Q	回答	逆に言うと？
Q1	人からよく注意されたことは？	・親から「とにかく言うことを聞かない」と言われて育った	・自分で考えて動ける
Q2	コンプレックスに感じてることは？	・飽きっぽく、継続力がない ・交友関係が狭い ・面倒くさがり	・新しいことに興味を持てる ・人との信頼関係を大事にできる ・効率的なやり方を見つけられる
Q3	人についイライラしてしまうことは？	・自分の考えを押しつけてくる人	・自分の考えを人に押しつけない
Q4	苦手なことは？	・マニュアル作業 ・接客など気を遣う仕事	・オリジナルな方法を考えられる ・自分のペースでやるべきことを考える
Q5	やりたくないことは？	・ルーチンワーク ・一日中PCに向かって作業する	・変化にうまく対応できる ・少しは人と関わりたい

「こなせること」「人から褒められること」を見つけるワーク

	Q	回答	つまり何ができそう？
Q1	人から褒められることは？	・信頼できるメールの文章を作れる ・相談に乗るのがうまい	・受け取った相手がどう感じるかを想像できる ・フラットに物事を見ることができる
Q2	自分の中では「こなせる」と思っていることは？	・パワポ資料の作成	・「誰」に「どう伝えるか」を意識して資料を作れる

「つい時間を費やしてしまうこと」を見つけるワーク

Q	回答	具体的に何してる？
普段の生活で時間を使ってる割合は？	人→2割	友人と会って話す
	モノ→0割	
	情報→8割	ネットで常に情報収集をしている

※「普段やってること＝心地よい時間の使い方」の傾向がわかる

○「できること」は環境に左右されやすい

このワークで見えた、わたしの「できること」の中でも、特に仕事につなげられそうなものはこの3つでした。

・自分で考えて動ける
・変化にうまく対応できる
・「誰」に「どう伝えるか」を意識して資料を作ることができる

さらに、このワークをやってみて気づいたことがあります。

「できること」は、「環境にかなり左右される」ということ。
なぜなら、環境によって「弱み」にも「強み」にもなるからです。

ワークで見えた「自分で考えて動ける」という、わたしの「できること」。これも過去の環境では、「言われたとおりに従わない」という〝弱み〟として周りから評価されていました。

この特徴が〝弱み〟として目立っていた過去のエピソードを紹介します。

わたしは親からよく「本当に言うことを聞かない子だね」と言われて育ちました。比較的教育熱心な親で、「勉強をしなさい」とか「この学校に行きなさい」と言われることが多かった学生時代。

しかし、わたしはそれをなかなか素直に聞き入れない子どもでした。

家では毎晩「勉強タイム」があったのですが、参考書を読んでいるふりをしながら、机の下では漫画を隠し持ち、ずっと漫画を読んでいました。

高校受験のときは、親が希望していた学校ではない別の学校に勝手に願書を提出し、大げんかしたことも。

「言われたとおりに従わない」と叱られたこの特徴は、新卒で入社した当時の会社でも同じように〝弱み〟として発揮されていました。

会社では、上司から指示が降りてくると、素直に返事をせず、「なぜ必要なのですか？」とか「このやりかたではどうですか？」と質問していたので、「つべこべ言わずにやれ」としょっちゅう叱られていたのです。

（今振りかえれば、質問の仕方にも問題があったと思います）

でも逆に、この特徴が「自分で考えて動ける」という〝強み〟として活かされた経験も。

学生時代の話に戻り、親の反対を押し切って入学した高校のこと。

わたしがどうしてもこの高校に行きたかった理由は、「生徒が自由でいきいきとしている」イメージが強かったからです。

実際に入学してみても、イメージそのままでした。

勉強はそこそこに、生徒が主体となり、すべてのイベントを全力で楽しむ文化がそこにはありました。

毎年行われるイベントでは、クラスの友人たちと「やってみたい」と思ったものを、毎回イチから企画しました。

その企画が全校で大盛況となり、何度か賞をいただいたほどです。

この高校時代の思い出は、大人になった今でも充実した経験として色濃く印象に残っています（これを人は過去の栄光と言う）。

学生だから自由にできたことであり、社会人になった今とは状況はもちろん違いますが、**「自分から考えて動ける」という「できること」が活かされた瞬間は、わたしにも確かにあったのです。**

こむたろの気づき

「できること」は環境によって「強み」にも「弱み」にもなる

第２章の変化

Before

・「やりたいこと」がないと、いきいきと働けない

・「好きなこと」×「得意なこと」を探したけれど、つまづいた

・強い経験やスキルがある人でないと「できること」はない

After

・「やりたいこと」はないままで、いい感じに働けば良い

・「働きたい環境」×「できること」で心地よく働くを目指す

・環境に左右されるが、「できること」は誰にでもある

第3章

スキルなし、自信なし、努力ニガテなわたしでも大丈夫？

～実績がなくてもできる未経験転職の叶えかた～

5 自分にぴったりの職業って何だろう

第1章と第2章のワークによって、わたしにとっての「働きたい環境」×「できること」が見えてきました。

働きたい環境

・行く当てのある人材になれる
・スピード感がある
・少しでも興味があることにかかわれる

できること

・自分で考えて動ける

・変化にうまく対応できる
・「誰」に「どう伝えるか」を意識して資料を作れる

これらが明確になったところで、さて、どんな業界、職種に応募したら良いのだろう？

これまでのわたしはずっと、**「どこかに、自分にぴったりの仕事があるはず」と信じていました。**

周りの人を見ても、仕事を探すときは「業界」や「職種」で選んでいる人が多かったので、何の疑いもなく、わたしもまずは「業界」や「職種」から仕事を決めるものだと思っていました。

しかしいざ、自分に合う「業界」や「職種」を考えてみると、やったことがない仕事が多くて、絞るのがむずかしかったのです。

困り果てていたときにふと、「二足の草鞋《わらじ》を履いている」父の知人の存在を思い出しました。その方は、技術職の会社員として働くかたわら、米農家をしているそうです。

一見、まったく共通点がないように見えるこれら2つの仕事ですが、彼はこんなふうに話していました。

「2つの仕事には〝モノをつくる〟という共通点がある。対象は違えど、自分はとにかくモノづくりが好きだから、どちらの仕事も楽しいんだよね」

この話を聞いて、目からウロコが落ちました。「自分にぴったりの仕事は1つだ」と思い込んでいたけれど、そんなことはないのかもしれない。

時代と共に消えていく仕事だってあるわけだし、**「たった1つの、あるかもわからない天職を必死に探さなくても良い」**と思えてきたのです。

つまり、適職は1つじゃない。

だから、この転職では条件を絞りすぎずに仕事探しをすることにしました。

自分にぴったりの適職があるわけではない

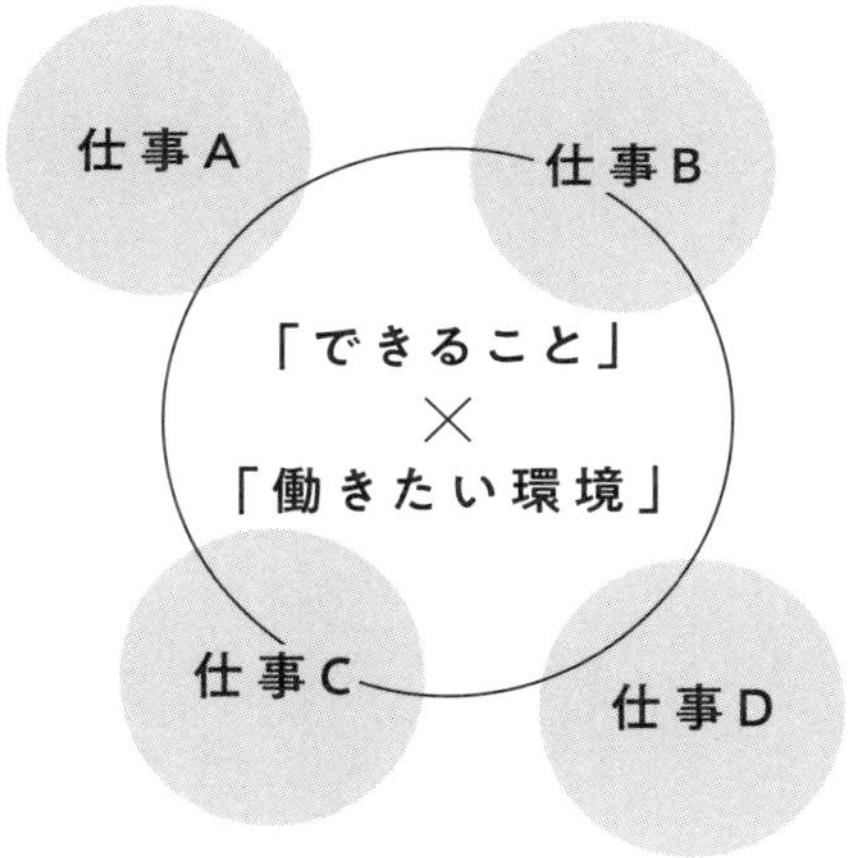

ただ、1つだけ決めたことがあります。
それは、なるべく**「伸びている業界で働く」**ということです。

わたしの願望の1つである**「行く当てのある人材になる」を叶えるためには、伸びている業界で経験をつけたほうが、近道になると思ったからです。**

こうしてようやく、わたしは本格的な転職活動を開始したのでした。

○【こむ解説】自分に合う職種を見つけるヒント

「自分にぴったりの仕事はない」、「適職は1つじゃない」そうは言っても、ある程度は職種に「当たり」をつけたいよ。という人もいますよね？

そんなときは、厚生労働省が運営している「職業情報提供サイト jobtag」が参考になります。

サイトの使い方を紹介しますね。

Jobtagでできること

・職業図鑑のような使い方ができる
・価値観、適性、スキルなどを診断できる無料ツールがある

Jobtagで「自分に合いそうな」職種に当たりをつける方法

① メニュー「職業を検索する」→「仕事の内容で検索」を選ぶ

② 「得意とする仕事の内容」「苦手とする仕事の内容」から該当するものをチェック

③ 結果を確認する

わたしの結果：コピーライター、雑誌記者、書籍編集者、ＷＥＢディレクター、キャリアカウンセラー、人事コンサルタント、ＷＥＢマーケティングなど全50件の職種が出ました。

こむたろの気づき

適職はひとつじゃない

6 理想の転職を叶えないと転職する意味がない

こうして本格始動した転職活動。

応募する求人を探すために転職サイトを眺めていたら、大事なことを忘れていたと気づきました。

「年収」や「残業時間」などの雇用条件です。たとえば、

・年収は400万円以上欲しい
・残業は月20時間以内が良い
・福利厚生もある程度充実していて欲しい……etc

「勇気を出して転職するのだから、これくらいの条件は押さえておきたいよね」

誇れる経験やスキルがない自分を棚にあげて、こんな理想の条件をのんきに挙げていました。

しかしですね……この条件で転職サイトや転職エージェントなどで求人を探したところ、**まぁ求人の少ないこと。**

かろうじて紹介してもらった求人に応募しても、書類すら通らない。

経験が少なく、目立つ実績もない。かといって何か積極的に新しいことを学んでいるわけでもない。

そんな〝戦闘力よわよわ〟のわたしが、**希望の条件をすべて満たした求人に受かるなんてほぼあり得ない話だったのです。**これが現実か……。

転職は「妥協するな」とよく耳にします。でも、わたしにとって「妥協しない」というのは、「転職しない」とほぼイコールでした。

転職にはエネルギーをたくさん使うし、精神的にもつかれる。

だからこそ、「この一度の転職ですべてを得たい」と思っていたのです。

でも、このままではどこも行くところがない。厳しいけれど、突きつけられた現実を受け入れるしか、前に進む道はありませんでした。

結局わたしは、「かなりの妥協」を選択することになるのでした。

○ 欲しいものを「得る」ために「捨てる」ものを選ぶ

「年収も、スキルも、やりがいも、働きやすさも、ぜんぶ大事じゃないか。選べません！」

正直なところ、これが本音です。

バリバリの高スキル&経歴を持っている人は別です。きっと一度にすべてを手にすることができる人もいるでしょう。しかし、**わたしは経験もスキルもなく努力も苦手なタイプ。**

だから、**「1回の転職ですべてを得ること」**をあきらめました。

不満だらけの現状を脱し、前に進むためには、このダメなわたしを受け入れるしかありませんでした。

「じゃあ、どんな条件を捨てようか？」と考えたときに、**わたしは「年収アップ」と「残業の少なさ」この2つを捨てました。**

というのも、この条件を外しただけで応募できる求人が圧倒的に増えたからです。

かといって、今の会社より大幅に条件を下げて、たとえば年収200万、残業月100時間となったら、長く働き続けることはできません。

自分が働き続けられる範囲で「妥協ライン」をかなり広げたのです。

一度の転職ですべてを得ようとしない

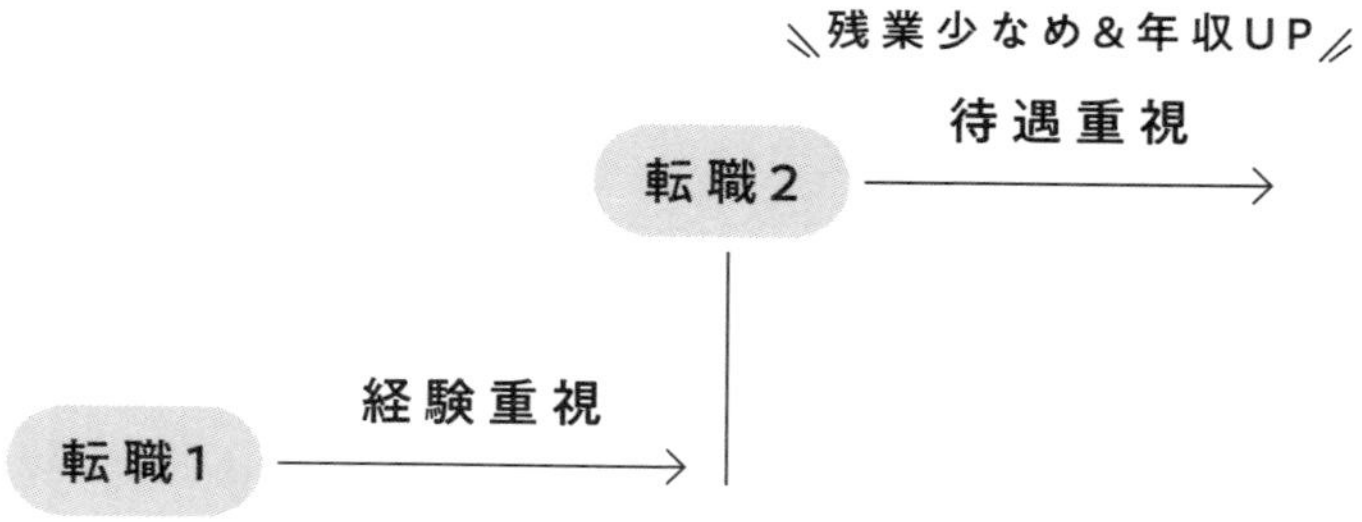

年収は今と同じ350万円以上、残業は月40時間ぐらいを目安にしてみました。

ただし、なりふり構わず「捨てた」わけではありません。**あとから「捨てた条件」も「拾える」自分になろう、こう考えていました。**

「行く当てがある人材になる＝将来条件の良い会社に転職できるようになる」

きっと、この方程式が成り立つと考えたからです。

企業から「欲しい」と思ってもらえるスキルや経験を身につければ、次に転職するときに応募できる企業の数はぐっと増えるはずです。

つまり、今よりも「選べる転職」ができる。選べるということは、「年収アップ」や「残業の少なさ」などの条件が良い会社も選択できるようになるはずだ、と。

だから、初めての転職では「できることを増やす」を得ようと決めました。

1回目の転職の軸

【捨てるもの】年収や残業の条件

【得るもの】できることを増やす

こうやって、「自分が本当に欲しいものは何か」をしっかり見据えたことで、おのずと「捨てるもの」が見えてきました。

こむたろの気づき

1回の転職ですべてを得ようとするとハードルが上がる

7 これは自分の価値を下げる転職？

転職の条件を見直したことで、応募できる求人の幅が一気に広がりました。

（なお、わたしが〝経歴よわめ〟な転職で工夫したことは、第6章でまとめて紹介しています）

そしてようやく、長い転職活動にも光が……。

最後まで選考に残ったのは、この2社でした。

Ａ社：コンサルティング会社／年収６５０万／従業員数：数百名
Ｂ社：ＷＥＢマーケティング支援会社／年収３５０万／従業員数：５名

第一印象では、圧倒的にＡ社に入社したいと思っていました。

（え？　だって、間違いなくA社でしょ。何より年収が圧勝。
捨てたはずの年収の条件がA社を選んだら捨てずに済むわけだし。
それにしてもわたし、なぜ選考進んでいるのでしょう？
面接でも答えに詰まってしまい、ダメダメな感触しかなかったんですが……）

気になったのでエージェントに尋ねてみると、「最近ダイバーシティ採用に力を入れている」とのこと。
（ダイバーシティ採用とは、性別、年齢、国籍、宗教など、多様な価値観を持つ人を積極的に採用する取り組みです）

A社は激務で体力勝負なところもあり、男性ばかりを雇っていたようですが、今回は女性も積極的に採用しているみたい。どうやらダイバーシティ枠にはいった模様です（複雑な心境）。

A社なら周りの目も気にならず、堂々と「キャリアアップです」と胸を張って今の会社を去れる。職場もオフィス街の一等地にあり、ドラマで観た憧れの「バリキャリライフ」が送れるかもしれない。妄想がふくらみます。

一方でB社の第一印象は「ナシでしょ」。駅から徒歩10分という、微妙に不便な立地にある雑居ビルのワンフロアにひっそりとたたずんでいるB社。

(もちろん会社名も聞いたことがないし、何より従業員数5名ってあーた。少なすぎないか？　すぐつぶれない？　※全力で失礼なヤツ)

つまり、B社を選んだら、「自分の価値が下がる」と思っていたのです。

「みんなが『いい』と思ってくれない会社に行くなんて恥ずかしい」と、自信がないくせにプライドだけは一丁前。我ながらとてもやっかいです。

○ 会社によってこんなにも雰囲気違うのね？

しかし、選考が進んでいくうちに、自分の中で2社の志望度が逆転していくのを感じました。

逆転したいちばんの理由は、A社の面接がとんでもなく苦痛だったから。

キッチリとしたスーツを身にまとった現役コンサルタントである面接官は、目がすわっていて、威圧感がある。質問にまともに答えられないわたしに、イライラしている様子さえ感じました。

面接のたびに、「あ〜手応えまったくナシ」、と肩を落として帰宅するも、なぜか次の選考に進む不思議（よほど〝ダイバーシティりたかった〟のでしょうか……）。

一方で、第一印象では「ナシでしょ」だったB社は、お堅めな会社で働いていたわたしにとって、とても新鮮さを感じる会社でした。

ボロめの雑居ビルの外観からは想像つかない、リノベーションされたおしゃれなオフィス。社長も面接をしてくれた社員も、穏やかな雰囲気で好印象。

オフィスを見渡すと、やたら自由な服装の人たちがいるではないですか。

社員たちはみな、帽子をかぶったまま、ヘッドフォンをつけたまま、思い思いの服装で働いていました。

ここなら今の会社で浮いているわたしも馴染めるかもしれない。

作った資料の「社内レビュー（チェック）」が永遠に終わらず、心がやさぐれることもないだろう。

わたしでも、この会社ならやっていけるかもしれない。

もはや動物的な直感でした。

こむたろの気づき

会社によって雰囲気は大きく変わるから、自分に合う会社はきっとある

8 わたしの価値は世間でなく自分が決めればいい

わたしの心は、完全にB社に持っていかれていました。

でも、世間的なキャリアアップを考えると圧倒的にA社のほうが良いだろう。

友人や気を許している会社の先輩に相談しても、みな口をそろえて「後悔したくないなら、A社にしな」とアドバイスをくれました。

あ〜どうしよう。そうこう悩んでいるうちに、オファー承諾期限が刻一刻とせまってくる。ここでふと、我に返りました。


わたしは、そもそも、なんで転職したかったんだっけ？

原点から考えていこう。

転職を決意した大きなきっかけは「毎日死んだ魚の目で会社に行く現状から抜け出したい」というところから。そのためにもっと**「心地よく働ける環境」に移りたい！**

そう、これが転職したいいちばんの理由だったんだ。

ここまで自分の素直な気持ちが見えているのに、「世間から見る自分の価値」に縛られてるなんて、何のためにわたしは生きているんだろう。

わたしの価値はわたしが決めれば良いんだ。

答えは決まりました。わたしにとって大事なのは、

- **世間でいう成功よりも、自分の軸を大切にする**
- **心地よく働いている自分をイメージできるか**

この2つです。こうしてわたしは、世間的に安定していると言われている企業を退職し、B社（社員5人のWEBマーケティング支援会社）に飛び込んだのでした。

○ 仕事できないヤツはどこ行ってもダメ？

社員5人のWEBマーケティング会社に転職し、いちばんびっくりしたのは、前社（1社目）とのカルチャーギャップのすごさ。

この会社には業務未経験で入社したため、わたしはWEBのことを全く理解していない状態でした。

何か研修があるのかな？　と期待したのも束の間……。

入社2日目には「新規クライアントへのWEBサイト構築の提案書、作ってみて」という非常にざっくりした指示が下りてきました。

「えぇぇぇぇぇ、未経験の新人にいきなりそんな仕事任せちゃうの!?」っていう心の声は全く隠せず、もろに表情に出しながら戸惑うわたしに、いちばん年齢の近い、親しみやすそうな雰囲気の先輩がメールをくれました。

「参考サイトと過去の提案書サンプルをいくつか送ります！」

なんというやさしさ！　拝みたくなるほどありがたいメールです。それと同時に、わたしは悟りました。

「あ、これ自分で調べながらサバイブしなきゃいけないやつだ……」

1社目の会社は教育体制が整っており、新しい仕事を覚えるときは必ず先輩のサポートやフォローがある、感謝すべき環境でした。

しかし、自分の実力不足も重なり、一度も大きな仕事を任されることなく退職。企画部に3年間所属していたくせに、わたしが関わった企画は、けっきょく一度も世の中に出ませんでした。

働いた年数のわりに濃度の薄い経験しかしていないわたしが、丁寧な教育を受けず、即戦力として手探りで働くこのスタイルについていけるのだろうか……。

前の会社の手厚い教育制度と比べてしまい、早くも自分の中に転職失敗フラグが立ったのは言うまでもありません。

そうはいっても、一大決心をしてこの転職を決めたのは、まぎれもなくわたしです。

そもそも、できることに「自分で考えて動ける」をあげたヤツ、どこいった？なんて盛大なツッコミをするも、いざ、誰からも手厚いサポートが受けられないとなると、それはそれですごく不安。

そんな自分の矛盾に嫌気がさしたけど、それでもとにかくやるしかない状況でした。

転職を後悔する気持ちと、これからの不安を抱えながら、先輩が送ってくれた参考サイトでWEBサイト制作の流れや、制作のために必要な要素をザックリ学び、先輩の提案書サンプルの構成をおおいに真似させてもらい、なんとか「それっぽいもの」が完成。びくびくしながら提出しに行きました。

そして、提案書を見た社長と先輩が顔を合わせて言ったセリフは……、

「これは、すごい……！」

そう、なぜか「構成がよくできている」とベタ褒めされたのです。

1社目では、ムダに独創的な「漫画風提案書」を作成して上司に絶句されたり、何度「社内レビュー」をしてもらっても、永遠に修正が終わらなかった、あのわたしが

作った資料が。

これは一体、何が起きているのだろうか……？

1社目ではダメ出しされまくりで自信がなかったわたしですが、自分でも気づかぬうちに「PowerPointの職人」になっていたみたいです。**通らない企画書を何度も作っていたので、企画書の構成を考えること自体には慣れていました。**

ムダだと思っていた仕事も、「実はムダじゃなかった」のです。

けっきょく資料は一度も直されることなく、そのまま見込みクライアントに提出することになりました。

環境が変われば、その人への評価も変わる。

自分は仕事ができない、何かが欠陥している、とずっと自己評価が底辺だったわたしに一筋の光がさした出来事でした。

○【こむ解説】会社を辞めるのがこわいのはあたりまえ

転職活動中は何度も**「今の会社を辞めたら後悔しそうでこわい」**、という不安にぶち当たりました。でも、どうやらこう思ってしまうのは「あるある」みたいです。

なぜなら、「保有効果」という心理が働くからです。

保有効果とは、1970年代に、アメリカの経済学者、リチャード・H・セイラーによって提唱された心理効果で、**自分が持っているものに、実際よりも高い価値を感じて「手放したくない」と感じる心理現象のこと。**

わたしも「安定した会社を失うのがこわい」という気持ちが強すぎて動けなかったのですよね。

じゃあ、どうしたら良いのでしょうか？

まずは「失うのがこわい」という気持ちに「気づく」のがすごく大事だと思ってい

「保有効果」…
持っているものを「価値がある」と思い込む

ます。

だって、急に明日から「失うのがこわくない人」に変身することはむずかしいから。「気づいただけでは、なんの解決策にもならないだろう」という声が聞こえてきそうです。

でも、そんなことはありません。

「気づく」というのは大きな一歩です。

「不安」や「恐れ」から生まれる非合理な思い込みは、「イラショナル・ビリーフ」と呼ばれています。アメリカの臨床心理学者のアルバート・エリスが考案した言葉です。

この「イラショナル・ビリーフ」をたく

さん持っている人は、**人生が苦悩に満ちたものになるとのこと**（ひぇぇ）。**そして、この思い込みを持っていることでいちばん良くないのは「自覚がないこと」だそうです。**

まさに、過去のわたしは、この「イラショナル・ビリーフ」にまみれた人間でした。そもそも、自分に思い込みがあることすらも気づいていない状態だったのです。

○ 思い込みに気づくノート

では、わたしはどのように「思い込み」に気づいたのか。次の5つの質問を順番に自分に問いかけてみました。

Q1：本当は「こうしたい」ということはある？
Q2：（「どうせ○○だ」「～べき」など）それを制限している「考え」は？
Q3：「どうしてそう思うの？」と問いかける
Q4：「本当に？」と問いかける
Q5：Q2の回答の、反対の例を書き出してみる

思い込みに気づくノート

自分の思い込みを掘り下げる

Q1　本当は「こうしたい」ということはある?

例：転職したい

Q2　それを制限している「考え」は?

A　この会社でダメなわたしは転職したってきっとうまくいかない
B　老後を平穏に暮らすために、安定な今の会社に留まるべきだ
C　勇気だして転職して、失敗したら人生おしまいだ

Q3　どうしてそう思うの?と問いかける

A　アルバイトでも今の会社でも仕事ができなかったから、
　　他でもダメなのではと思ってしまう
B　老後のお金が心配だから
C　転職して失敗したら、いよいよ行き場がなくなるかもしれないから

Q4　本当に?と問いかける

A　自分にも合う会社はあるかもしれない
B　この会社にいれば安泰、とも限らない
C　人生おしまいは言い過ぎかも

Q5　Q2の回答の、反対の例を書き出してみる

A　転職してうまくいく可能性もある
B　他の会社に転職しても、老後を平穏に暮らす方法はいくらでもある
C　転職に失敗したって、また転職したら良い

わたしは、このように「転職したいけど、ダメなわたしは失敗するだろう」という思い込みを掘り下げました。その結果、「転職してうまくいく可能性もある」「もし転職に失敗してもまた挑戦すれば良い」と思えるようになったのです。

こむたろの気づき

自分の素直な気持ちに従ったほうが、納得感を持てる

第3章の変化

Before

- 転職するなら、1回の転職ですべてを得たい
- 世間が「いい」と思う転職をしないと、自分の価値が下がる
- この会社でダメならどの会社へ行ってもダメ

After

- 1回の転職ですべてを得ることをあきらめた
- 世間的な成功よりも「心地よく働く自分」をイメージできるかが大事
- 環境を変えたら、自分への評価も変わった

第4章

今の会社に残る？ 転職する？ それとも第3の選択？

～迷ったときの答えの見つけかた～

9 ホワイト企業から社員5人の会社へ転職した結果

転職してからは毎日が忙しく、時間が経つのがあっという間でした。
社員数5人の小さなWEBマーケティング支援会社での働きかたはこんな感じ。

すんごい自由

・服装も出勤時間も自由。
・朝は10時以降に出社、夜は20時以降に退社している人がほとんど。

自由な代わりに成果主義でシビア

・それなりの質とスピードでアウトプットを出せる人じゃないと、
小さい会社なので逃げ場がなくなる。

情報は自分で取りにいく

・研修などは存在しない。
・聞けば教えてくれるけれども、基本は「自分で調べて、自分で進める」スタイル。

人がいなさすぎて何でも屋

・毎日の掃除も備品注文も自分たちでやる。
・業務自体も幅広くやれる人が重宝される。

人間関係には気を遣う

・本当に狭い世界なので、合わない人がいるとしんどくなりやすい。
・関係がこじれたりしないように気を遣う。

代わりの人がいない

・社員それぞれ、業務がパツパツな状態。

・有給休暇は取れるけれど、その間の業務は誰かに引き継ぐというより、
自分で調整しないといけない。

これを見て、「そんな環境ムリ〜」と思う人もいるのではないでしょうか?

でも、わたしにとっては「合っていた」のでした。なぜかというと、この転職でどうしても叶えたいと思っていた「働きたい環境」の3つの条件、

・行く当てのある人材になりたい
・スピード感のある環境で働きたい
・少しでも興味があることがしたい

これらをクリアしていると実感できていたから。

特に、「行く当てのある人材になりたい」に関しては、あらゆるプロジェクトに放り込まれ、1人で回す経験を積んでいるうちに、「こんなわたしでも大丈夫かも」と少しずつ実感できるようになっていました。

○ 仕事は充実しているけれど、プライベートも大事にしたい

任せてもらえる仕事も増えて、忙しくもそこそこ充実している日々。

残業は多かったうえに、残業代も出ていなかったけれど、昇給したこともあり大きな不満はありませんでした。

しかし、生活はばっちり荒んでいたんですよね。

そんな中、ライフステージにも変化が。入籍をし、パートナーと暮らすことになったのです。

わたしの帰宅は毎晩22時ぐらい。夜ごはんは残業仲間の先輩と飲みに行くか、コンビニ飯。帰ったら疲れて寝るだけの生活でした。そろそろ子どもだって考えたいけど、こんな生活で妊活なんてできる気がしない……。

こむたろの気づき

仕事は「人からみてどうか」よりも、「自分に合うか」が何より大事

10 今の会社にとどまるか or 転職するか、どっちを取るべき？

仕事を「辞める or 続ける」の選択で迷ったことのある人は、たくさんいるのではないでしょうか？　この頃のわたしも、まさにその選択で迷っていました。

今の環境で妊活する？　それとも転職する？

（今働いている会社の産休・育休取得実績はゼロ。

転職するとき、何も考えてなかった〜。

わたしが先陣を切って道を切り開くこともできなくはないだろう……。

でも、この会社で働きながら子育てをしている自分の姿を、なぜか1ミリも想像できない。そもそも、まずは妊活からスタートする必要があるよね？

今の荒んだ生活を送りながら妊活するって、けっこうハードル高くない？
だからといって、転職という選択もしっくりこない……。
もし、今から転職活動を開始して、うまくいって半年後に入社できた場合、妊活を始められるのはいつになるのだろう？

どちらの選択肢も、デメリットが気になってしかたがありませんでした。どうにもこうにも答えが出てこない。

このときのわたしは「永遠に見つからない正解探しのループ」にハマっていました。

「これだ！」と納得できるような、間違いのない正しい答えがどこかにあって、それが見つかるまでは動けない、そう思っていたのです。

しかし残念なことに、人生の選択には正解なんてありません。

試験問題の答えみたいに、○×があるわけではないし、1つしか正解がないわけでもない。つい、誰かの答えをマネしたくなるけど、それが自分にとってのベストな正解かもわからない。

正しい選択がないのだとしたら、じゃあどうやって選べば良いの？

○ 選択に悩んだときのノート

このワークは、「何を選べば良いの？」と悩んだときに、自分の答えを見つけるのに役立つワークです。

「今の環境or新しい環境？」「A社orB社？」「ここで妊活or転職？」などで悩んだときは、2つのワークで自分の答えを出します。

2つの視点から答えを出せるので、どちらのワークもやるのがおすすめです。

◯ワーク1 プラス・マイナスで考えるワーク

マイナス点ばかりが気になって選べないときに、一歩引いて考えるためのワーク。

（良いことばかりが目にはいって突っ走りそうな時にも使えます）

マイナス点に対して「本当にそうなの？（自分の思い込みはない？）」とか「どうにか解消できないの？」などと別の視点をいれることで、表面的な選択肢から、踏み込んで考えることができます。

次のステップにそって、ノートに書き出してみてください。

STEP1：まずは思いつく限り選択肢を洗い出す
STEP2：それぞれの選択肢の「プラス点」を書き出す
STEP3：それぞれの選択肢の「マイナス点」を書き出す
STEP4：プラス点、マイナス点それぞれに「本当にそう？」と尋ねてみる
STEP5：マイナス点を解消する方法がないか考える
STEP6：書き出したあとで、「気分が乗る」選択肢を選んでみる

○ワーク2　選択肢と軸を並べて、点数で見える化するワーク

どれを選択すれば良いかわからないときに、自分の優先順位を加味しながら、点数で見える化するワーク。

ワークをしながら自分の優先順位とも向き合うため、「何を大事にしたいか」、そして「それを大事にするための選択が何なのか」が見えてきます。

STEP1：まずは思いつく限り選択肢を洗い出す
STEP2：大事にしたい軸を挙げる
STEP3：軸に自分の優先順位をつける（高・中・低）
STEP4：それぞれの選択肢に、軸ごとの点数をつける（5点満点で）

選択に悩んだときのノート

ワーク1 プラス・マイナスで考えるワーク

STEP1 選択肢を考える	今の会社のまま 妊活スタート	育休が取りやすく、復帰後も働きやすい会社に転職する（正社員）	退職して妊活に専念する
STEP2 プラス点は？	環境を変えるストレスがない すぐに妊活にはいれる	育休復帰後に働きやすい	生活を立て直してすぐに妊活にはいれる
STEP3 マイナス点は？	産休・育休取得実績ゼロ 生活荒んでるのに妊活できるか不安 育児しながら働きにくそう	妊活にはいるタイミングが遅れる 転職してすぐに妊娠するのは気まずい	キャリアが途絶える 自分の収入が0になる
STEP4 本当にそうなの？	働きやすい会社に変えられる可能性はないの？	制度としてはいつから産休・育休取れる？ 転職してすぐに妊娠した人はいるのかな？	
STEP5 マイナス点を解消する方法は？	自分が先陣をきって働きやすい会社になるように働きかける	妊活を理解してくれる会社を見つける →面接時から、妊活をしたいと話して雇ってくれる会社はある？	ブランクがあっても経験を買ってくれる会社を見つける 貯金が持ちそうな3年以内には復職する 妊娠中でも働きやすい仕事をする
STEP6 気分が乗るのはどの選択？			○

ワーク2　選択肢と条件を並べて、点数で見える化するワーク

STEP1 選択肢を考える		今の会社のまま妊活スタート	育休とれる、復帰後も働きやすい会社に転職する（正社員）	退職して妊活に専念する
STEP2 大事にしたい軸は？	STEP3 優先順位は？	STEP4 点数をつける		
収入の高さ	低	3	4	1
通勤時間の短さ	中	3	3	5
働く時間の短さ	高	1	2	5
妊活に入れるスピード	高	5	1	5
家で過ごせる時間の長さ	高	1	1	5
キャリアの見栄え	中	5	5	1
	優先順位（高）の合計得点	7	4	15
	全体の合計得点	18	16	22

○「正社員のレール」から外れたら、もう終わり？

「選択に悩んだときのノート」をやってみて、わかったことがありました。

・慌ただしい生活に疲れぎみで、休みたい気持ちがある
・数年後ではなく、できれば「今すぐ」妊活を始めたい

「転職する or しない」の2択で迷っていたわたしですが、実は「仕事を辞める」という選択肢を取りたい気持ちが大きいと判明したんです。

しかし、この素直な気持ちに従って良いものか、すぐには答えを出せませんでした。だって、こんな不安があったから。

今退職したら、正社員のレールから外れる。

さらに、子どもが生まれて職歴にブランクができたら、果たして社会復帰できるの

だろうか？

○ 不安と真正面から向き合ったら前に踏み出せた

この漠然とした不安を抱えたまま、時間だけをムダにしたくない……。
そこで、不安の正体を明らかにするため、掘り下げてみることに。

STEP1「何が不安なの？」を書き出す

まずは今感じている不安、モヤモヤを思いつくままに書き出してみました。
・長いブランクがあると、次の転職先を見つけるのはむずかしそう
・小さい子供がいる状態で、雇ってくれる会社は見つかるのか

STEP2「本当にそうなの？」を解消するために事例を調べてみる

不安を書き出したあとは、「本当にそうなの？」という視点で、ブランクがあり、かつ小さな子どもがいる状態で転職が成功した事例があるか調べてみました。

【見えてきた事例】

・需要の高い仕事の経験があり、過去の経歴が評価され入社
・人手不足の会社や業界に入社
・パートで働いたのち、正社員の仕事に転職
・派遣で入社後、実力が認められて正社員登用
・過去の経験を、どうにかうまくアピールして入社

STEP3「どうにか方法はないの？」と考えてみる

実際に転職活動をしたときに、「厳しいな」と感じたらどうするかを考えてみました。

【考えられるやりかた】

・条件を下げて仕事選びをする
・人手不足の会社を狙う（伸びている業界や、ベンチャーなど）

・過去の経歴のアピール方法を工夫する
・ひとまず正社員以外の雇用形態で入社する

このように、

STEP1「何が不安なの？」を書き出す
↓
STEP2「本当にそうなの？」を解消するために事例を調べてみる
↓
STEP3「どうにか方法はないの？」と考えてみる

ステップを踏んで考えた結果、最終的に、「再就職に関しては、選り好みしなければなんとかなるでしょ！」という結論に至りました。

○〝ふつう〟ではないけどしっくりきた選択

しかし、仕事を辞めることにもうひとつ心配事がありました。家計状況です。

この当時、夫は「やりたいことのための勉強時間を確保したい」という理由で派遣社員として働いており、年収は350万円ほど。

節約にはげめば、夫の収入に頼って生きていける状況ではありました。

でも、派遣社員なので契約を切られるリスクだってあります。

そして、何を隠そうわたしは節約が苦手なのです。

（この期におよんで本当にどうしようもない）

〝ふつう〟に考えたら、そんな不安定な状況で「わたしが仕事を辞める」というのは、選択肢にあがらないのかもしれません。でも、自分にとっては妊活のタイミングをあきらめるほうが後悔する気がしてならなかったのです。

〝ふつう〟かどうかはどうでも良い。

個人貯金もなんとか200万円ぐらいはある。当面はその貯金を切り崩しながら暮らして、また2、3年後ぐらいに復職すれば良いじゃないか。こう考えることにしました。

〝ふつう〟なら「え、この人大丈夫？」と思われそうな選択ですが、わたしにとってはいちばんしっくりきてしまったのです。

こむたろの気づき

「正しい選択」なんてものは、どこにもない

11 予定どおりに行かない妊活

辞めることを決断できたのは、以前ほど「捨てる」ことへの抵抗がなかったからという理由も大きいと思います。一度目の転職で、安定企業に勤めることを「捨てた」経験をしたからです。

あの時に「捨てることができた」からこそ、今の会社（2社目）で「仕事への自信」を得ることができました。

今あるものを手放すのはすごくこわいこと。
でも、手放すからこそ得られるものがあるのです。

夫もわたしの選択を尊重してくれたので、無事に会社を退職して無職期間に入りました。

朝から晩まで仕事ばかりしていた生活から解放され、1日中漫画を読んだり、ドラマを観たり、好きなことだけして過ごせるなんて最高！

予定通り、妊活もスタート。このままスムーズに妊娠&出産できたら、子どもが2歳になる頃までには職探しをしよう。

そんな想像をしながら過ごすこと数ヶ月……、

まぁ、妊娠できない。世の中そんなに甘くなかったです。

夫のこころもとない収入（失礼）に頼りながら毎日ダラダラ過ごしているわたし。

社会から取り残されたような気持ちになり、朝起きて「今日も予定がない」という毎日が、いよいよ憂鬱になってきました。

あれ、こんなはずじゃなかった……。

○ 暇すぎるのもけっこうつらい

「ゴロゴロしてばかりいるのは、精神衛生上よくない」

そう思ったわたしは、紙とペンを持って、毎日カフェに通ってみることにしました。

無職になり暇になったことで考えることがなくなり、「妊娠したいモード」により拍車がかかっていたけど、こればかりはタイミングを予測できないし、そもそも妊娠自体できるかもわからない。

だったらいっそのこと、いったん妊活のことを忘れて、**今自分がやりたいことをやってみよう。**そう考えて、もう一度自分の気持ちと向き合うことにしたのです。

ひたすら紙に書き出してでてきたのは、こんなこと。

コンプレックスに感じている英語をなんとかしたい。

直前まで働いていた会社（2社目）では、日系だけでなく、外資系のクライアントも担当していたため、ときどき外国から来た方との会食が開かれることがありました。

この頃のわたしの英語力はTOEIC400点レベル。

読み書きはかろうじて少しはできましたが、会話するなんてもってのほか。

そのため、会食では透明人間になり、時が過ぎ去るのを地蔵のように待つしかありませんでした。

何言っているかは理解できないけど、みんなが笑うタイミングで笑ってみたり、うなずいてみたり。

仕事の忙しさで、その事実を悲観する暇もなく、「まぁ、しょうがないか」と流していたのですが、「英語力の低さ」には、ずっとモヤモヤを感じていました。

そして、改めて自分の気持ちをひも解いた結果、

「わたしも会話に参加したかった」

「好きな俳優の英語インタビューを字幕なしで理解できるようになりたい」

こんなふうに、英語に対する素直な気持ちがどんどん出てきたわけです。

むずかしく考えすぎると動けなくなってしまう。そう思ったわたしは、その場ですぐにフィリピンの語学学校を予約。これまでのわたしには考えられないようなスピード決断ですが、無職の身軽さを利用して2ヶ月英語を学ぶことに決めたのでした。

○「今」に合わせた働きかたを選べる人になりたい

結局、フィリピンに2ヶ月行ったところで、英語は話せるようにはなりませんでした（そんな簡単じゃない、という現実を知れたのはよかった笑）。

でも、この留学経験が、わたしの考えかたを大きく変えるきっかけになりました。

フィリピンには日本、韓国、台湾などから、幅広い年齢の人が英語を学びに来ていました。

・英語を学んだあとにオーストラリアへワーキングホリデーに行くという30歳女性
・世界一周旅行の途中でフィリピンに滞在している37歳男性
・カナダの大学に行くために英語を学んでいる42歳女性

こんなふうに、いろんな国、いろんな考えをもつ友人と話しているうちに、**「もっと自由に考えても良いのではないか」と。**
「働くなら正社員じゃなきゃ」と思っていたけれど、わたしが欲しいものは「正社員」という、安心できる雇用形態なのか？

それよりも、わたしは「選べる人」になりたい。

雇用形態ばかりにとらわれず、**「今の自分」「今の状況」**に合わせた働きかたを選ぶ生きかたがしたい。そのために経験やスキルをつけたい。そう思ったのです。

そして、フィリピンから帰国後、もう一度働くことに決めました。

このときに目指した働きかたは、**ゆるく働きながら、経験・スキルを身につける。**
そこで、こんな条件で仕事探しをしました。

- **在宅勤務&短時間で働ける**
- **再就職でアピールできる経験が積める**
- **雇用形態にはこだわらない**

近年はコロナ禍の影響でリモートワークが一気に普及しましたが、当時は今のように在宅の仕事が多いわけではなく、求人探しは大変でした。

そんなわたしがたどり着いたのは**「主婦向けのアルバイト求人サイト」**。
最終的に、**「未経験可・広告運用の仕事・1日4時間勤務・時給1500円」**こんな仕事を始めることになりました。

仕事内容は、クライアントのＷＥＢ広告を企画し、運用代行する仕事。

前職で「WEBマーケティング」の経験はありましたが、「広告運用」に関しては未経験でした。

でも、WEBの基礎理解があったため、すんなりと採用してもらえることに。

同僚には元販売職や元事務職など、WEB業界完全未経験の方も複数いて、すでに活躍されていました。

未経験の仕事を探すときに「アルバイト求人サイト」ってけっこう穴場です。

（当時は少なかったですが、今は在宅できるバイトの求人もよく見かけます）

初めての広告運用の仕事。慣れるまで最初は大変でしたが、1日4時間の在宅勤務でありながら、ちょっとした「挑戦」ができる環境。

そして、これはたまたまですが、ときどき英語を使ってメールのやり取りをする機会があったのも、わたしにとっては好条件でした。

決して収入は多いとは言えませんでしたが、この仕事をきっかけに、

「視野を広げれば、選択肢も広がるんだ」という、新しい発見ができたのでした。

こむたろの気づき

自分が本当に大事にしたいことに気づけば、視野が広がり
新しい選択肢も生まれる

第4章の変化

Before

・仕事を「辞めるor続ける」の選択で迷って決められない

・永遠に見つからない正解探しのループにハマる

After

・不安と真正面から向き合ったら答えが見えた

・“ふつう”にとらわれず、自分だけのオリジナルの道を選ぶ

第5章

自分に本当に合う会社選びって？

~〝転職ガチャリスク〟を減らす会社の見極めかた~

12 念願だった、専業主婦ライフを楽しめない

時は経ち、自分のペースで仕事をしている間に、ついに妊娠。

つわりと付き合いながらも、1日4時間程度の在宅ワークはちょうど良い気分転換になりました。

あまりお金は稼げないけど、昼寝をして身体を休めることもできるこの働きかたは控えめに言って最高。そのため、出産直前まで仕事を続けていました。

出産後は仕事を辞め、ふたたび専業主婦に。

子どもと過ごす暮らしは幸せでしたが、ほぼ毎日予定ナシ。午前中は子どもを連れてちょっと散歩に行き、あとは夕方までひたすらゴロゴロしながらテレビのワイド

ショーをたれ流す日々。

専業主婦ライフを楽しめているかというと、そうでもないのが正直なところ。

働いている友人の話を聞くと、大変そうだなと思いながらも、隣の芝がとても青く見える。社会とのつながりが何もないことに、モヤモヤしている自分がいました。

そもそも、家事はそんなに好きじゃなく、子育てに向いているタイプかといえば、それも微妙なところ。

1日中、子どもの遊び相手になることはできず、罪悪感を感じながらも、ついついスマホに手を伸ばしてしまう。

子どもが小さい間は一緒にいたいという気持ちと、働きたい気持ちとで、葛藤していました。

○ ついに、貯金が底をつく

しかし、そんな悠長なことを言っていられない現実が……。

貯金がなくなりそう。

そう、専業主婦になったものの、夫の収入はそれほど多くありません。

なにより節約することが苦手なので、自分の貯金を切り崩しながら暮らした結果、個人貯金は10万円を切る状況に。

夫の口座にも１００万円ほどしか残っておらず、家族３人が安心して暮らすには不安になる経済状況でした。自業自得にもほどがある。

「そんな家計状況なら無職とか、妊活とか言ってないで、会社員として働き続けたらよかったのに」と自分に突っ込みたくなります。

でも、いつ妊娠できるかわからない、子どもは欲しい、妊娠できたらムリして働きたくない、というわたしのワガママを夫も理解してくれて、優先した結果がこれ。
そのため、過去の選択を後悔する気持ちは不思議とありませんでした。

「しのごの言わずに働いて稼ごう」

最後に会社員として働いていたのはもう3年半以上も前。
直近2年間は専業主婦で仕事をしていない。幼い子どももいる。
なかなかハードな状況だなと思いつつも、**「お金を稼ぐために」**会社員として再就職することを決めたのでした。

こむたろの気づき

無職を満喫できたからこそ、また働く意欲が湧いてきた

13 年収は会社選びが9割

〝経歴よわよわ〟の主婦を、採用してくれる会社はあるのだろうか。おまけにそこそこの年収も欲しいって思うのは、無謀なのだろうか。そもそも応募できそうな求人はある？　年収はどんなもん？

いろんな疑問が湧いてきたので、まずは求人を見漁ってみることにしました。

すると、あることに気づいたのです。

同じような仕事内容なのに、会社によって年収がピンキリだということに。

たとえば、わたしの経験職種である「ＷＥＢマーケティング職」を例にみてみましょう。とある転職サイトの求人では、年収３５０万〜４００万ぐらいが相場でした。

しかし、別のハイクラスっぽい転職サイトの求人では、少なくとも年収500万円、マネジメントレベルでなくても年収700万円ぐらいの求人が載っていたのです。

だからといって、求人票の仕事内容は、年収700万円の会社も、年収400万円の会社も、それほど変わらないように見えました。

年収水準の高い会社に応募する、これは外せないな。

今回の転職では「年収アップ」をいちばんの条件にしていたからです。

○ 年収が高い仕事はハードなの？

ただ、わたしの中で、ひとつ気になっていることがありました。

「年収が高い仕事＝大変」なのでは？

仕事って年収に比例して、責任やプレッシャーが大きくなるのでは？　その分ハードに働かなきゃいけないんじゃないの？　と思っていたのです。

いくら高収入でも、精神的、肉体的にハードな働きかたはもうできない。

だけど、本当にそうなのかな？　と冷静に考えてみると、**必ずしも「年収が高い＝**

ハードワーク」というわけではない、ということに気づきました。

実際、わたしが働いていた会社を振り返ってみると、1社目の会社は、年功序列を採用していたので、毎日ネットサーフィンをしていたにもかかわらず、年齢や勤続年数に応じて、それなりに役職と年収が上がっていく環境でした。

一方で、2社目の会社は、なかなかのハードワーク。しかし残業代はつかず、収入も決して高いわけではない年収400万円。あのまま長く働いていても、大きく収入は上がらなかったでしょう。

つまり、「年収高い仕事＝ハード」というわけでもない。

自分を追い込めない〝キャパ小さめ〟のわたしでも、年収水準が高い会社でやっていける可能性はある。

貯金がない状況をなんとかしたい。夫の収入に左右されず、自分の収入だけで家族を養えるくらいになりたい。

理想が高すぎるかもしれません。でも、今回の仕事探しでは、まず**「年収水準が高い会社に絞って応募してみよう」と決めたのでした。**

○【こむ解説】
会社は箱だけでなく中身を見て判断する

会社の事業内容、年収、社員数、成長性、福利厚生などは、転職するにあたって誰もが気になる条件です。ですが、わたし自身がいちばん大事にしているのは「箱ではなく中身」なんです。

なぜなら、**いくら条件がよくても、「社風が合わないとつらくなる」**。

これを1社目で痛感していたからです。

- 有名だから
- 条件が良いから
- 希望している職種だから
- 成長しそうだから

これらも、もちろん大事な要素。現にわたしも「給料が高いから」という軸で、仕事を探そうとしているし。

でも、自分が「心地よく働けるか？」という視点で考えると、もう一歩踏み込んで

「会社の中身をちゃんとみる」というのは忘れちゃいけない。

これは、「会社」だけではなく、「職種」でも同じことが言えると思っています。

「企画職」「マーケティング職」などは、かっこいいイメージを持たれやすいけれど、実際に働いてみるとセールス色やノルマ要素が強かった、みたいな話もよく耳にします。

（現にかっこいいイメージだけで「企画部」を希望したけれど、入社したら想像と違ったという経験をした人がここにおります）

「箱」だけで判断して「中身」を見ないと、入社した後に「ああああああ、もっとちゃんと考えればよかったたぁぁぁぁ」ということになりかねないのです。

そのため、わたしは会社の中身を見る一歩目として、「社風チェック」をしています。

○ 会社の中身を見るノート

○社風を確認するワーク

会社の中身を見るノート

社風を確認するワーク

1 自分に合うと思う位置に「自分」と書き込む

2 受けたい企業のカルチャーを予想して「企業」と書き込む

評価方法

← 年功序列　　企業　　自分　　実力主義 →

年齢や勤続年数でお給料が決まる　　出した成果でお給料が決まる

応募する企業の社風が、自分に合うかをチェックするためのワークです。

企業の社風を調べる方法はいくつかあります。

- 社員の口コミが読める転職口コミサイトを見る
- 企業のウェブサイトや求人ページを見る
- 企業や社員のSNSを見る

このような方法で、企業の社風をチェックしましょう。

次ページのワークに取り組むことで、会社の社風が自分の価値観に合いそうか、確認することができます。

← 分業化　**業務の分担**　マルチタスク →

企業　自分

大企業に多い

中小企業や
スタートアップに多い

← トップダウン　**意思決定**　ボトムアップ →

企業　自分

上層部からの命令で
動くスタイル

現場の意見を参考に
決めるスタイル

← 少ない　**中途採用**　多い →

企業　自分

離職者が少なく
安定感がある可能性が高い

転職しやすく
中途採用でもなじみやすい

← 現状維持　**チャレンジ性向**　チャレンジ →

企業　自分

慎重、のんびり
じっくり意思決定

すぐ動く、ガツガツ
意思決定速い

← アナログ　**業務の処理**　デジタル →

企業　自分

印刷物が多く、謎ルールがあり
人を大切にする傾向

効率化重視
AIが進むと人員カットも?

← 弱い　**社員の個性**　強い →

企業　自分

似たような雰囲気の
社員が多い雰囲気

いろんな考え方の
社員がいる雰囲気

← 高い　**社員の平均年齢**　低い →

企業　自分

落ち着いた雰囲気で
保守的な傾向

新しい会社で
ベンチャー気質

← 年功序列　**評価方法**　実力主義 →

企業　自分

年齢や勤続年数で
お給料が決まる

出した成果で
お給料が決まる

この時点で企業の社風が正確にわからなくても、問題ありません。
会社の中身を知るいちばんのヒントは、「面接の場」だからです。

応募前にすべてを調べ上げることはむずかしいので、ある程度あたりをつけたあとは、面接での生の印象や、そこで仕入れた情報を大事にしています。

この方法については第6章に詳しく書きますね。

また、自分の理想とする社風にドンピシャな企業は、めったにないと思っています。
大事なのは、自分の理想と、受けたい企業の社風のギャップを把握しておくこと。
このギャップを把握しているのと、把握していないのとでは、入社後「思ってたんと違うインパクト」がかなり違ってくるからです。

こむたろの気づき

後悔しない転職につなげるためには、会社も職種も、「箱」ではなく「中身」を見る

第5章の変化

Before

- 周りと自分を比較してモヤモヤする日々
- 年収が高い仕事＝大変そう
- 会社の箱（外側）だけで判断していた

After

- モヤモヤがあったからこそ、働く意欲が湧いてきた
- 必ずしも「年収が高い仕事＝大変」というわけではない
- 会社は箱だけじゃなく、中身を見る視点が大事

第6章

書類選考も面接も落ちてばかり……

～〝経歴よわめ〟な人でもうまくいく転職活動のコツ～

14 転職エージェントから相手にされない悲しい現実

3回目になるこの転職活動では、しょっぱなから暗雲が立ち込めていました。

転職エージェントからまったく相手にしてもらえなかったのです。

30代にもなりブランクが長く、最終経歴が正社員ではない〝よわよわ〟なわたしの経歴を見て、**「すぐに転職が決まりそうな優良人材じゃない＝商品価値がない」と判断したのでしょう（涙）**。

頭ではわかっていますが、いざ「あんたに商品価値はないよ」という現実を目の前に突きつけられるのは、なかなかショックでした。

しかし、嘆いても現実は変わらない。相手にされなくても、めげずに別の転職エージェントに登録しました。

10社以上のエージェントと面談をした結果、最終的にお付き合いを継続したのは2

社のエージェント。この2社の担当者は、〝経歴がよわめ〟のわたしにしっかりと向き合ってくれ、複数の求人を紹介してくれたのでした。

エージェントは本当に、担当者との相性が大きいです。

そして、意気揚々と応募を開始。しかーしなんと、1つも選考に進めない。

○〝経歴よわよわ〟の転職活動でいちばん大事なこと

(なんでこんなに書類が通らないのか……。

〝経歴がよわい〟から？　でも過去は変えられないからどうしようもない。

いったん正社員で再就職することはあきらめようか……)

そんな、弱気な考えが頭に浮かぶようになりました。

そしてふと、「自分が採用者だったら」この職務経歴書を見てどう思うだろうか？

そんなことを考えました。

改めて、採用者の立場になりきって職務経歴書を眺めてみると、**じっくり読み込ま**

ないと、「何ができる人なのか」が見えてこない。

自分で作った職務経歴書ながら、とてもわかりにくかったのです。

書類すら通らないのは、単純に「経歴がよわい」だけが原因じゃないのかもしれない……。

こんな感じで、すべり出しは不調からスタートした3回目の転職活動。

先に結果をお伝えすると、最終的に希望条件を満たす3社から内定をもらえたのです。

最終的に入社を決めた会社は、年収600万円のフルタイム正社員。

わたしが前職、夫の扶養内で働いていたときの年収は120万円でした。

さらに、3年半前にさかのぼり正社員時代の年収400万円と比べても、200万円もアップしました。

この年収額を「多い」と感じる人もいれば、「そうでもない」と感じる人もいると思います。でも、「ブランク2年、最終経歴は扶養内で働く業務委託、幼児子育て中」という経歴でスタートした転職活動。わたしからすると、かなり満足な功績でした。

こんな〝経歴がよわよわ〟な状態からどうやって希望条件の内定をゲットできたのか？

この転職活動がうまくいったのには、理由があります。

「自分の見せ方を工夫した」ということです。

直近の職歴は正社員ではなく、2年のブランクあり。これは変えられない事実です。**でも、この事実以上に「この人を採用したら、会社に貢献してくれそうだ」と採用担当者に納得してもらうための工夫をしました。**

次ではその方法を具体的にご紹介します。

○【こむ解説】〝経歴よわめ〟な人のがんばりポイントは？

未経験転職をするとき、年収アップ転職をするとき、経歴にハンデがある転職をするとき、どの転職でも力をいれるポイントは一緒です。

それは、「企業と自分の共通点探し」をすること。

「企業から求められる能力・性格」と「自分の能力・性格」がリンクするようにアピールするのです。

経験のある仕事内容と、応募する先の仕事内容が違ったとしても、必ず何かしらの共通点があります。それをとにかく探してアピールするしかないのです。

わたしも、「ブランク2年」、「最終職歴が、主婦向けのアルバイト求人サイトで見つけた業務委託の仕事」という〝よわよわな経歴〟をカバーするために、**とにかく「求められる経験・スキル・性格」との共通点アピールをしていました。**

今回はイメージしやすい事例として、インスタグラムのフォロワーさんが、未経験転職を叶えた例を紹介します。

【フォロワーさんの経歴】

・年齢：30代後半（女性）

・販売職2社で7年、派遣の事務職2年

スキルがない場合はこの3つを掘り下げて武器にする

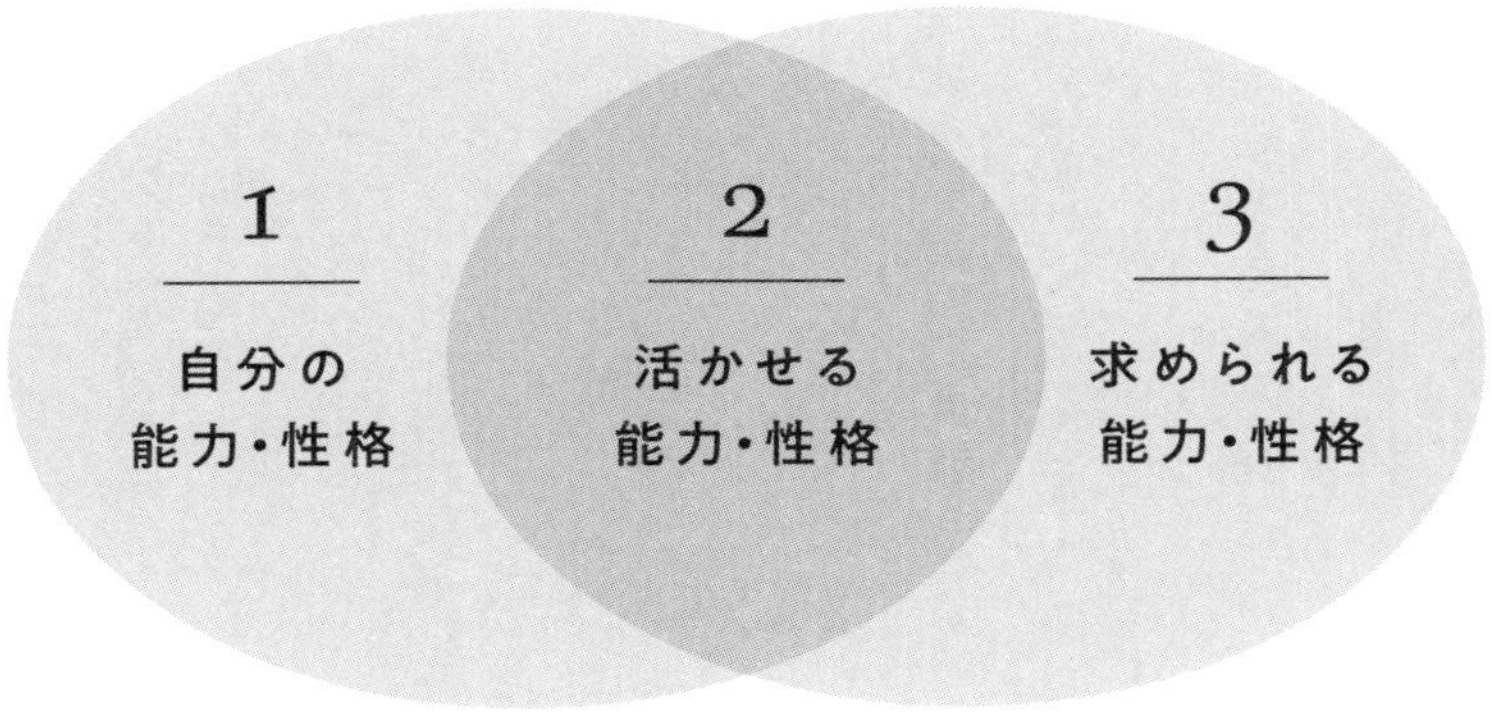

・1年を超える離職期間2回あり
・離職期間中に職業訓練校でPCスキルとMOS資格取得

【転職先】
・正社員　SNSマーケティング職

【アピールポイント】
次の2つの経験を、「SNSマーケティング職にも活かせます！」とアピール
・販売職での経験：集客と売上につながる施策を考え、提案実行し、結果を出した
・事務職での経験：膨大なデータの分類、集計を行った

販売職・事務職とSNSマーケティング

職は一見ぜんぜん違う職業です。

でも、彼女は共通点をリンクするようにアピールしたことで、望む転職を叶えることができました。

繰り返しになりますが、わたしは初めての転職活動から、この「共通点探し」を意識していました。**今ある手持ちの札を「どう見せるか」が勝負なんです。**

ちなみに、応募をするうえで自分に足りない能力や経験もメモしておきました。メモしたことを面接前に少し調べておいて、「○○の点は自分にまだ足りていないので、現在習得をしています」と話すだけでも、「客観的に自分の課題を把握しているんだな」と、面接官に安心してもらえるからです。

転職活動では、「求められているもの」、「自分が持っているもの」、「自分が持っていないもの」この3つをしっかり把握しておくことが大事だと思っています。

○ 企業と自分の共通点を探すノート

ワーク1　経験・スキルのマッチポイントを探す

こむたろの気づき

とにかく共通点を探してアピールするのが選考通過のカギ

STEP1：応募する会社で求められる経験・スキルを書き出す（募集要項を見ながら）
STEP2：具体的に必要な能力を書き出す（募集要項を見ながら）
STEP3：自分の経験レベルを◎◯△×で評価する
STEP4：実績、成果などを具体的に書き出す
STEP5：△、×がついたものに対して似ている経験はない？ カバーする方法はある？

ワーク2 資質（性格）のマッチポイントを探す
STEP1：求められる資質（性格）を書き出す
STEP2：自分の資質を◎◯△×で評価する

	STEP3 自分の経験レベルは? ◎○△×で評価する	STEP4 実績、成果など	STEP5 △、×がついたものに対して似ている経験はない? カバーする方法はある?
	×		・Excelでデータ集計をして、レポートとしてまとめていた
	×		・WEB制作に関する本を読む ・余裕があれば簡単なページを作ってみる
	△	・Excel(VLOOKUP関数などを用いたデータ集計) ・wordでの文書作成 ・power pointでイベントのポスターを作成した	・google系のツールは個人で試しに使ってみる ・基本的な使い方をWEBで学んでみる
	△	電話対応や、営業の代わりに顧客にメールで資料送付などをしている	・顧客対応の経験がある(電話、メール) ・イベント告知のポスターを作成したことがある

企業と自分の共通点を探すノート
（事務職→WEBマーケティング職）

ワーク1　経験・スキルのマッチポイントを探す

STEP1 応募する会社で求められる経験・スキルは？ （募集要項を見て書き出す）	STEP2 具体的に必要な能力は？ （募集要項を見て書き出す）
デジタルマーケティングの経験	・データを分析する ・施策を考える ・数字で判断できる結果を出す
基礎レベルの WEBサイト制作経験	・WEB制作の流れを理解している ・HTML、CSSの基本を理解している ・基本的な画像加工ができる
基本ソフトの使用経験 （オフィス系、googleツール）	・ExcelはVLOOKUPなどの関数を使った集計ができる ・google analyticsなどのWEBツールの基礎理解がある
クライアント対応経験	・クライアントとスムーズなコミュニケーションが取れる ・見積書や提案書を作る

ワーク2　資質（性格）のマッチポイントを探す

STEP1 求められる資質（性格）は？	STEP2 自分の資質は？ ◎○△×で評価する
主体的に動ける	◎
新しいことに抵抗がない	○
変化に柔軟に順応できる	○
コミュニケーションを問題なく取れる	○
自らすすんで学べる	△

15 こうしたら職務経歴書が通るようになった

書類選考で落ちまくる中、やっとこさ1社だけ一次面接に進めた会社があります。この会社の面接を受けたときに、とても意外なことがありました。

面接官がいちばん食いついた経歴が、「アルバイト求人サイトで見つけた業務委託の仕事内容」だったことです。

この仕事は、「正社員ではない」、「扶養内の短時間勤務」ということで、自分の中ですこし後ろめたさがあったため、職務経歴書では目立たないようサラッと書いていました。

雇用条件の面で負い目がありましたが、そんなことは採用担当者には関係なかったのです。

それよりも「どんな経験があって」、「どんな働きをしたのか」、しっかり経験の中身を伝えることが大事。

○「欲しい」と思われる職務経歴書を作る4つのコツ

面接時には「価値がある経験をした」、「自分が選んだ道に納得している」と胸を張って堂々としたほうが、きっと魅力的に映りますよね。

この面接自体は準備不足で撃沈しましたが、職務経歴書を見直す大きなヒントが得られました。

職務経歴書を作り直したときに意識したことを、具体的に紹介します。

ポイント1 「何」が「どれだけ」できるのかを書く

採用担当者がいちばん気になっているのは、「この応募者は何ができるのか？」ということ。

そのために必要なのは、「何」が「どれぐらい」できるのかを、職務経歴書の「職務内容」欄にしっかり書くことです。

これを具体的に書いたほうが、**「この会社で活躍できるか」が、うんとイメージしやすくなるからです。**

次にカスタマーサポートなど「顧客対応業務」に従事した例を挙げてみます。

【業務内容のみを記載した例】

・顧客対応業務

↓

【修正例】

・顧客対応業務（窓口・電話）
・クレーム対応、各種保険・申請等の手続き、相談等の問い合わせ対応
成果：作成した質疑応答マニュアルおよび自動化ツールが高く評価された。全支部に配布し、業務効率化に貢献した。

これだけでも、**「顧客対応ができる人」**、**「自ら業務効率化に取り組める人」**という人物像を具体的にイメージできる職務経歴書になります。

ポイント2　パッと見で判断できるようにする

パッと見で判断できる書類を作るために、まずは視覚的効果の視点から、この3つは押さえておきたいポイントです。

・文字のサイズや太さにメリハリをつける
・行間や文字数に気をつける
・箇条書きでわかりやすくする

さらに、転職活動を続けているうちに、「わかりやすい」と思われる職務経歴書にするために大事なことが、もう1つあることに気がつきました。

それは、職務経歴書のトップに載せる「職務要約」です。

過去のわたしは、応募先の職種との関連性が低いことも含め、ここにすべての経験をまんべんなく書いていました。

しかし、職務要約は職務経歴書のいちばん目立つ位置に載せるものなので、**「求人にマッチする経験」**を中心に書いたほうが間違いなく、採用担当者の目に留まります。

【職務要約を書くときのポイント】

・求人内容と**関係がうすい職歴はサラッと書くか、省略する**
・アピールしたい経験やスキルは**具体的に**
・**見やすく**まとめる

例として、販売職から未経験職種の営業事務職へと転職した、わたしの友人の職務要約を紹介します。

大学卒業後、株式会社○○にて販売職に約8年間従事。

【活かせる経験】
・接客対応、クレーム対応（対面、電話、メール）
・店舗運営経験（人事・労務管理、スケジュール管理、売上管理、在庫管理）
・Excelを用いた売上数値分析、計画書作成など（フォーマット作成／VLOOKUP、IF関数など）
・PowerPointを用いた資料作成（店舗レイアウト資料、社内マニュアル、会議資料）

【実績】
・お客様に丁寧にヒアリングしながら提案するなど、1人1人に合わせた接客を心がけ、○○エリア内でトップ3の売上を達成。

この友人によると、パソコン業務は、販売職の業務を行ううえでそれほど割合は大きくないとのこと。でも、アピールできそうな経験はしっかりと目立たせて書く。これが本当に大事です。

ポイント3　応募企業ごとに「コンセプト」を考える

職務経歴書の工夫の中でも、いちばん効果があったのは、**「会社ごとに職務経歴書を書き換える」こと。**

わたしは、その会社が求めている「人物像」をイメージして、それを元に職務経歴書の「コンセプト」を考えていました。

たとえば募集要項を見ながら、応募するポジションに求められるキャラをこんなふうにイメージします。

- 数字に強くExcelスキルが高い
- 計画通りに物事を進めるのが得意
- 責任感が強い

・ルーティン作業が苦にならない
・確認作業が得意でミスが少ない
・他部署と連携をとりながら働ける

そして、このキャラの中から、自分に該当するものを探し、次のようにコンセプトを考えます。

【コンセプト】
「Excelに強く、細かい作業が得意で、コミュニケーション力がある人」

このコンセプトにそって、職務経歴書の記載内容を変えていったのです。

経歴が強くハイスペックな人なら、すべての会社に同じ職務経歴書を出しても引く手あまたかもしれません。

でもわたしのように、ブランクがある人、経歴がよわい人にとって、ウソにならない範囲で「見せ方を工夫すること」はかなり大事なことでした。

めんどうくさいなぁと思いながらも、これらの工夫を地道に行った結果、**それまで全然通らなかった書類が、驚くほど通るようになったのです。**

ポイント4　退職理由を書いておくのもおすすめ

職務経歴に、「転職回数が多い」、「短期離職がある」、「離職期間が長い」など、採用担当者に**「難ありかもしれない」**と捉えられてしまいそうな事実があり、後ろめたく思うときがありますよね。

こういった場合に、相手の印象を良くする効果的な方法があります。

それは、過去に働いていた会社の「退職理由」を書いておくこと。

ただし、「ネガティブ」な退職理由には注意しましょう。わたしは、**「応募する企業で解決できないことは、退職理由として伝えない」**

「ネガティブな退職理由は、前向きに締める」

この2つは必ず意識していました。場合によっては、職務経歴書に書かないほうが良いケースもあります。

たとえば人間関係のいざこざなどは、次の会社でも起こりうることなので、書き方に工夫が必要です。

別の退職理由を記載する、もしくは伝えたほうが良いと判断した場合でも、職務経歴書には記載せず面接で伝えるほうが、誤解を生みにくいです。

【退職理由の記載例】

・○○領域で貢献したい気持ちが強まり、退職を決意
・1つ1つの仕事にじっくり向き合える環境で働きたいと考え、退職
・結婚に伴う転居により退職、ブランク期間に○○の資格を取得
・チームで成果を挙げる環境で働きたい思いが強まり、退職を決意

・月60時間の残業が常態化しており、最善のコンディションで働きたいと考え、退職を決意

実際に以前、採用担当の仕事をしている友人に、職務経歴書に退職理由を書くことについてどう感じるか聞いてみたことがあります。

友人はやはり**「納得できる退職理由が書いてあると人柄も見えるため好印象」**と話していました。

こむたろの気づき

面接官は雇用条件でなく「何をしたか」を見ている

16 自信がない面接の乗り越えかた

わたしの小学校時代のあだ名は「トマト」。人前で話すのが苦手で、すぐに顔が真っ赤になってしまうことからついたあだ名です。

緊張しやすい性格は大人になった今も変わっていません。

この転職活動でいちばん最初に受けた会社の一次面接は、過去の経歴について細かく突っ込まれ、オドオドして自爆しました。でも、これは経歴に自信がなかったからではありません。

完全に準備不足だったからです。

というより、準備不足だと「自信がなくなる」のです。
面接で自信がないと言っている人は、準備不足をカバーするのがいちばんの解決策になると思っています。

悲しいかな、突っ込まれたくないことほど突っ込まれるのが面接。

誰だって、コンプレックスからは目を背けたくなりますが、自分が聞かれたくないことは、面接官としては気になることなんですよね。

○ 後ろめたい経歴はこう伝える

自信がない経歴について、突っ込まれたときの答えかたには、コツがあります。

それは、「とにかく最後はポジティブに締める」ということ。

どんな経験にも必ず、「得られたこと」があるはずです。それを面接官に伝えるイ

メージです。

ブランク期間を説明するとき

在職中は多忙で時間が作れず、後悔ないキャリア選択をしたいと思ったため、退職を選びました。**（状況）**

離職後は、まず自身のキャリアや将来について見つめ直しました。

さらに、就職した際に少しでも早く組織へ貢献できるように、○○を学習しました。**（取り組み）**

その期間をとおして、**自身の○○を活かし、△△に挑戦したいという気持ちが強くなり、**今回御社への入社を志望しました。**（ポジティブな締め）**

短期離職を説明するとき

今の職場では、日々貴重な経験をさせていただいております。

しかし、○○がきっかけで、▲▲という気持ちが強くなりました。**（状況）**

○○の導入などの提案をしましたが、会社の方針として実現が厳しかったため、た

とえ短期離職になったとしても、後悔ない選択をしたいと思い離職を決めました。**（取り組み）**

〇〇の点は、入社前に確認しなかった自身の落ち度であると考えています。この反省を活かし、今後は腰を据えて働き、会社に貢献していきたいと考えており、今回志望させていただきました。**（ポジティブな締め）**

休職を説明するとき

〇〇（環境の変化、業務負荷など）という状況で、できるだけ組織に貢献しようとがんばりすぎて体調を崩してしまいました。**（状況）**

〇〇するなど上司に相談したものの、状況はすぐに変わらず、休職を選択しました。今は体調をコントロールしながら問題なく働けるまでに回復しました。**（取り組み）**

休職が自身と向き合うきっかけになり、長期的に働ける仕事にキャリアチェンジをしたいと考え、今回応募させていただきました。**（ポジティブな締め）**

面接でウソをつくのはダメですが、だからと言って、正直にすべてを洗いざらい話す必要はないと思ってます。

くわえて、「後ろめたそうなオーラを出さない」ということも大事。

ブランクがあったり、短期離職をしていたって、なにも悪いことをしているわけではないのです。

「自分が選んだ選択なので、反省はするものの後悔はしていない」というオーラで淡々と伝えると、相手も納得してくれます。

「何を言うか」だけでなく「どう言うか」が大切です。

○「残業は多いですか？」聞きにくいことを質問する方法

「御社の残業時間はどれくらいですか？」とストレートに聞くのって、ちょっとためらいませんか？

こういう誰もが気になることを、気軽に聞ける世の中になって欲しいなあ、と思いつつ、現実はそうも言っていられません。

面接時に本音で知りたいことを聞くって、本当にむずかしい。

「面接で気になっていることを聞いたら、意欲が低いと思われそうで聞けません……」

という相談をよくいただきます。

なんども面接を受けてきた経験から、わたしは聞きにくい質問をするときの「極意」みたいなものを見つけました。

それは、「先に自分の考えを伝えること」です。

面接官に意欲が低いと思われる前に、「こういう考え（意図）で今から質問します」と先に宣言してしまうのです。

そうすることで、「ただ質問したいだけの人」ではなく、**「働くことを具体的にイメージしているからこそ、現実的な質問をしたい人」**であると、面接官に捉えてもらう作戦です。

具体例を紹介しますね。

残業どれぐらい？

わたしは業務の効率化を考えるのが得意なのですが、**（自分の考え）**チームの残業時間は、人によってばらつきがありますか？／繁忙期はいつ頃なのでしょうか？**（本題の質問）**

人間関係は？

できるだけ早く職場に馴染みたいと考えていますが、**（自分の考え）**所属チームの男女比や雰囲気を教えていただけますか？／どういう人であれば職場に馴染みやすいとお考えですか？／御社で活躍されている方はどういう方が多いです

か？**（本題の質問）**

有給とりやすい？

わたしはオンオフのメリハリをつけて働くことで、より仕事にエネルギーを注ぐことができるのですが、**（自分の考え）**

繁忙期をのぞけば、みなさんご自身のタイミングで休暇を取得していますか？**（本題の質問）**

仕事の進め方は？

以前の職場では、上司や関係者と相談しながらも、自分で指揮をとって仕事を進めていくことが多かったのですが、**（自分の考え）**

こちらのポジションでも、同じような仕事の進め方になるイメージでしょうか？

（本題の質問）

仕事の内容は？

募集要項を拝見し、〇〇目標を達成するために、〇〇業務を中心に行うポジションと理解したのですが、**（自分の考え）**この認識で合っておりますでしょうか？／差し支えなければ、各業務のザックリした割合をお伺いすることはできますか？**（本題の質問）**

子育てと両立できる？

仕事で成果を上げながら、できるだけ長く御社で働きたいと思っているのですが、**（自分の考え）**ご活躍されている社員や管理職の方々で、お子さんがいらっしゃる方はいますか？／その方々は、どのような働きかたをされているのでしょうか？**（本題の質問）**

給料は上がる？

仕事の成果をきちんと評価していただくことは、自身のモチベーションにつながる

と考えています。（自分の考え）

昇給・昇進に必要な指標はありますか？／早い方では、転職後どのくらいの期間で昇給・昇進されていますか？（本題の質問）

チームメンバーと話せる？

御社で長く働き貢献したいと思っています。そのためには、人間関係が非常に大事だと考えておりますが、（自分の考え）

差し支えなければ、短い時間でも構いませんので、チームの方とお話しする機会をいただくことは可能でしょうか？（本題の質問）

このように、自分の考えを先に話してから質問するようにしてからは、**面接官にイヤな顔をされずに答えてもらえることが、圧倒的に多くなりました。**

面接ですべてを見極めるのはむずかしい。

そして、すべての条件が自分の望み通りになる会社はなかなかありません（わたしは出会えたことがない……）。

でも、細かい条件や雰囲気を、入社前に「知っている」と「知らない」では大きく違う。

「合わないリスク」を小さくすることはできるのです。

こむたろの気づき

面接で気になることをつぶしていくと、「入社したのに合わないリスク」を小さくできる

第６章の変化

Before

- “経歴よわよわ”のせいで、転職活動がうまくいかない
- 貯金が底をついた専業主婦

After

- 自分の見せ方を工夫して、書類も面接も通るように
- 希望条件を満たす3社から内定を獲得
- 年収600万円のフルタイム正社員に

第7章

職場を変えずに働きやすい環境に変えるには？

～ムリせず活躍する方法～

17 転職したばかりだけど、もう辞めたい……。どう考えたら良い？

ようやく手にした4年ぶりの正社員のポジション。年収600万円、フルタイムだけど残業量はコントロールできそう。社員の90%以上が中途採用で、風通しがよくオープンな雰囲気。胸が高鳴るばかりでした。

物事こんなうまく行って良いのか。人生のボーナスタイムかしらん。そんな脳内お花畑でいられたのも束の間、その後一気に現実に引き戻されました。

あれ……？　仕事内容、思ってたんと違う……！（心の叫び）

募集要項に記載されていたメインの仕事は「デジタルマーケティング業務」。面接のときにも、そう聞いていていました。

しかし、フタを開けてみると、軟弱なシステムのバグ（エラー）対応や、細かいマニュアル業務がやたらと多い。

仕事内容の大半は、わたしがもっとも苦手とする、細かくてコツコツした業務が8割を占めていたのです。

めちゃくちゃ仕事つまらない……、すでに辞めたい。

あんなに面接のときに細かく業務内容について突っ込んで聞いていたのに……。

上司によると、最近システムをアップデートしたばかりで、対応に慣れていないのが原因とのこと。さらに、システムがまだ安定せず、エラーが多発しているみたい（大丈夫なの……？）。

う〜む、仕方ないことなのかもしれない。でもしんどい。

そのうちに、頭の中が「辞めたい」でいっぱいになっていきました（はい、お察しのとおり忍耐力ないです)。

とは言っても、入社したばかり。

実はこれまでも、転職のたびに、わりと入社してすぐに辞めたくなっていたのです(同じような人、いますか……?)。

そのため、一度落ち着いて、状況を整理してみることにしました。

○ 仕事辞めたいと思ったときのノート

入社したばかりの会社をすぐ退職してしまうのは気が引けます。とはいえ、つらい気持ちにフタをしたまま働き続けるのも良くないので、次の質問にそって考えてみました。

仕事辞めたいと思ったときのノート

Q1	会社自体がナシなのか？	・会社は気に入っているので、仕事内容が変われば働き続けたい。 ・上司は合理的な人で話しやすいし、扱っている商品も好き。
Q2	今あるモヤモヤは環境の問題？自分の問題？	どちらの問題でもある。 【環境の問題】システム対応に時間が取られて、本来やるはずのコンテンツ企画業務に手が回らない。会社的にも、売上を伸ばせる業務に時間を割かなくて良いのかな？ 【自分の問題】細かくてコツコツした業務が苦手でイヤになる。
Q3	今の状況でどうしても我慢できないことは？	【我慢できない】苦手な業務が8割以上を占める状況。 【我慢できる】苦手な業務が少し含まれる状況。
Q4	今の苦痛を乗り越えた先に、なにか得られるものはある？	他社で活かせるスキルはあまり身につかないが、この会社で活かせるスキルは身につく。 （自社WEBシステムに詳しくなるので、今後の企画でより具体的な提案ができるなど）
Q5	会社にとどまるメリット／デメリットは？	【メリット】数年働けば、経歴としてアピールできる。短期離職を避けられる。 【デメリット】状況が変わらなければ、苦痛を感じたまま働き続けることになる。
Q6	今の状況は変えられる可能性ある？変えられない？	変えられる可能性はある。（まだ誰にも相談していない状況）
Q7	仮に辞めた場合、転職できそうか？	・「長期ブランク→短期離職」のため、前回の転職活動より苦労しそう。 ・求人を探してみたところ、条件を妥協しないといけないかもしれない。 ・他の会社でも「入ってみたら思ってたんと違う」はあるだろう。 ・正直、転職活動を再開するのはしんどい。

○【こむ解説】どうすれば働きやすい職場にできる？

「仕事やめたいと思ったときのノート」をやってみた結果、こんなことがわかりました。

・今のわたしにとっては辞めるデメリットのほうが大きい
・状況を変えるためにまだ何も動いていない

苦手な業務ばかりでつらい状況ではありましたが、**状況を変えるために、できることを模索してみることに決めました。**
そして、わたしが考えたのが次のステップでした。

STEP1「めんどうくさくない人」を目指す

↓

STEP2　ムリせずに活躍できるようになる
←
周りの人に信頼されて、意見が通りやすくなる（かも？）
意見が通りやすくなれば、働きやすい方向に状況を変えられると思ったからです。

○STEP1「めんどうくさくない人」を目指す

まずわたしは、「めんどうくさくない人になること」を目指すことにしました。

1社目の会社で働いていたときのわたしは、同僚からみたら「めんどうくさい人」だった自覚があります（詳しくは第1章23ページ参照）。

想像するとわかってもらえると思うのですが、職場にいる「めんどうくさい人」って、周りの人から距離を置かれがちですよね。

仕事を任せられたり、意見を聞き入れてもらったりしづらい。「仲間」としてチームに受け入れてもらいにくいと思うのです。

いきなり「仕事ができるスゴイ人」になるのはむずかしいのですが、「めんどうくさくない人」なら、まだ目指しやすい。

ということで、内心は「仕事つまらん！」と思いながらも、まずは「めんどうくさくない人」になることに徹しました。

では、めんどうくさくないって具体的にどんな人なのかというと、わたしは次の3つのことを意識していました。

①会社の現状やルールに不満があってもムリヤリ変えようとせず、いったんそっとしておく

「入社したばかりの人」から、「まだそういうやりかたをしているのですね」とやんわり仕事のやりかたを否定されたり、「もっとチームでコミュニケーションとりましょう！」と熱血漢を出されたりすると、なんだか冷めちゃうことありませんか？

ちなみにわたしは、1社目の会社では3ヶ月ぐらいこんなキャラを披露して、かなりイタいヤツでした。

社内にただよう覇気がない雰囲気に、「仕事はできないけど、フレッシュな風だけは吹き込まないと！」って、とんだ勘違いのミッションを自分に掲げていたのです。

誰からも頼まれていないのに。今振りかえるとホラーです（笑）。

社内の謎すぎるルールや、とんでもない現状にびっくりすることがあっても、何も言わずまずは受け入れること。これを意識しています。

②「時間ドロボウ」をしない

「めんどうくさい人」って「時間ドロボウ」をしがちです。

はい、これも過去のわたしです。忙しい先輩をつかまえて、相手の予定を気にせず質問をしたり、まとまりのない、長々したメールを送りつけたり。上司にしょっちゅう指摘されていました。

それからというもの、わたしは次のことを意識するように。

どれも、自分が人に仕事を教えるときに、相手がしてくれたらうれしいことです。

・質問はなるべくまとめてする

・自分で調べられることは調べる

・メールや相談は、結論から述べて長くならないように

・教えてもらったことは必ずメモしておく

③ 思うことはあっても、目の前の仕事の「マスター」になる

わたしは、つまらない仕事はすぐに投げ出したくなる性格です。

それでもまずは、与えられた仕事をキッチリこなせるように、なんとか自分を励ましながらやっています。

任された仕事をやり遂げる、期限を守る、こういった小さな積み重ねこそが、周りからの信頼を得ていくのです。

あたりまえのことですが、ついおろそかになっていませんか？

この「信頼貯金」を貯めておいたほうが、あとで良いことがたくさんあるのです。

たとえば、自分が困ったときにフォローしてもらえたり、何かを交渉したときに聞いてもらえたり。のちのち、自分のためになるときが訪れます。

（ただ、どうがんばっても向いていない仕事や、相性のよくない環境で心身に影響をきたす場合もあるので、その見極めは大事です）

○ STEP2 ムリせずに活躍できるようになる

1社目の会社では、わたしはとにかく仕事ができない人間でした。気質に合わない会社に入ってしまったのも原因の1つです。
でも、わりとほんとに「ぽんこつ」だったのです。

仕事ができない自分がすごくキライで、働くこと自体、まったく向いてないのではないかと思うほど。

仕事ができる人とわたしの差はなんだろう？
「がんばりが足りないのかな？」と考えてみましたが、わかりませんでした。
だけど、身近にいる「仕事ができる人」を観察してみて、あることに気づきました。

それは、仕事ができる人は「必ずしもすごい人ではない」ということ。

丁寧じゃなかったり、すぐに忘れちゃったり、苦手なことがあったり、わからないことがあったりもするのです。

（ほんとにスーパーマンみたいに仕事できる人もたまにいるけれど）

そして、仕事ができる人は、決してムリしてがんばっているわけでもなかったのです。

「仕事ができる人」と自分との大きな違いを、具体的に考えてみました。

① 相手に期待させない

仕事ができる人を観察していて、気づいたことがあります。

「社内閲覧用の資料なので、簡単にこんな形式にしますね」

「〇日までに、このレベル感で提出しますね」

このように、仕事ができる人は「自分ができる仕事のレベル感」を事前に宣言しているということです。「今回はこのくらいのゴールを目指します」と。

これを**「相手の期待値をコントロールする」**と言うみたいです。

何も宣言せずに仕事を始めてしまうと、相手の「期待値」がわかりません。

最初から「期待されすぎている」場合、その期待に答えるためには、かなりクオリティの高い仕事をこなさなければいけなくなります。そうなるとちょっと大変です。

だから、事前に「このくらいならできるよ」とハードルを下げておいて、「あれ？思っていたよりいいな」と思ってもらうほうが、相手にも喜ばれるし、自分を追い込まなくて済むのです。

ムリせず活躍するためには、すごく大事なことでした。

相手の期待値を下げる方法としては、次のものがあります。

仕事のゴールを共有しておく

・「スピード」と「質」どちらを重視するか？
・どんな形式が良いのか？

ムリなことは事前にNOと伝える

・「できます」と言っていたのに、
後から「できませんでした」となるといちばんガッカリされてしまう

対応できるレベル感を伝える

・理由と一緒に、どのくらいのレベル感なら対応できるかを説明しておく

期限は遅めに設定しておく

・絶対に間に合う期限を伝えたうえで、早めに提出した方が満足度は上がる

② 抜けるところでしっかり手を抜く

「仕事できない人」だったわたしがずっと勘違いしていたことがあります。

「時間をかけてがんばれば、良い仕事ができて認めてもらえるはず」と信じていたことです。

だけど悲しいかな、ただ時間をかけてがんばるだけでは、周りから認めてはもらえませんでした。

「どこが重要か」ということを考えず取りかかっていたため、ペース配分もへたくそ。その結果、時間をかけているわりに、大事なポイントがずれてしまっていたのです。

反対に、仕事ができる人を観察すると、丁寧というよりポイントの押さえかたが上手。

つまり、「手の抜き方がうまい」ことに気づきました。

わたしも最近は、仕事ごとにポイントを意識しながら、70%くらいの力で仕事をして、効率よく仕事を回す工夫をしています。たとえば、次のように。

「最低ラインはどこか？」を考える

・ひとりよがりな、自分にとってのカンペキを目指さず、「依頼者の要望を満たす」ことに集中する
・依頼者の要望が高すぎて「ムリ」と感じたときは、「あらかじめ期待値を下げておく」

抱えている仕事でいっぱいいっぱいのときは、相手に優先順位を聞く

伝え方：今抱えている仕事はAとBです。どちらの仕事が優先順位高いですか？ Aの仕事を優先させる場合、Bの仕事の期限は○日までに変更可能でしょうか？

手を抜く仕事を決める

伝え方：〇〇の仕事に力を入れた方が高い効果が得られるので、
　こちらはメモ書き程度にまとめますね。

ほかの人がやった方が早いことはお願いする

伝え方：〇〇はこちらで対応しますね。
　ただ、▲さんへのご連絡は、■さんの方が話が早いので、
　対応いただけると嬉しいのですが、いかがでしょうか？
　（相手に押しつける、というよりは全体の効率化の観点を理由に相談する）

○「今の仕事ヤダ」を納得してもらう伝えかた

STEP1　めんどうくさくない人を目指す
STEP2　ムリせず活躍できるようになる

この2ステップを意識し始めて、3ヶ月ほど経ったころ。やっと、周りから「頼られているな」と実感するようになってきました。

上司やチームメンバーに「この分野のことは、こむたろさんに聞けば答えてくれる」という存在になれた感覚があったのです。

信頼関係ができた今なら、意見が通るかもしれない。

「そろそろ、目の前のニガテな仕事に別れを告げたい！」

思い切って、上司に交渉してみることを決めました。

わたしが意識したのは、

会社のメリットになるように伝えること。

「任されている仕事をやりたくない」という本音をそのまま話してしまうと、なんとも自分勝手な印象になってしまうからです。

これまでの経験上、自分都合の理由で相談をもちかけた場合、うまくいかない結果になることが目に見えていました。

1社目の会社で「仕事ができず、つらい」という理由で異動願いを出したときにも、上司に「最低3年経験してからだろ」と一蹴されていました。

そのため、今回はこんなふうに交渉してみたのです。

問題点（自分目線でなく、会社としての問題点）

システムのエラー対応やマニュアル作業に追われていて、**売上に直結するマーケティング業務に専念できていない状況。**

提案

マーケティング業務に専念させて欲しい。
そのために、システムのエラー対応やマニュアル作業の業務を外注したい。

理由（会社のメリット）

売上の拡大に、より貢献できるから。

おまけのポイント

マーケティング業務のほうが、これまでの経験を活かせる。
また、自身としてもマーケティング業務で会社に貢献したいと考えており、モチベーションを維持するためにも今の状況を改善したい。

これを聞いた上司の返事はというと、なんと2つ返事でOKをもらえました。

改めて感じる、信頼を得ることの大切さ……。

そんなこんなで、わたしに任されていた業務は外注することに。

これでようやく、本来のマーケティング業務に専念できるようになりました。

だけど、今振り返ると、苦痛だった業務もムダではありませんでした。

システム全体を把握できていることは仕事で大いに役立ち、「この人なら的確に判断できる」的な評価を獲得できたのでした。

こむたろの気づき

会社を辞めるか迷ったときには、「辞めたその先」を一度考えてみる

18 〝経歴よわよわ〟なのに年収750万円になれたワケ

「こむたろさん、管理職に昇進しない？」

入社してちょうど1年ほど経った頃、上司に呼ばれた1対1のミーティングで、突然の提案がありました。

「チームメンバーをまとめてくれているし、仕事ぶりからしてもマネジメント側じゃないのはおかしい」と、上司が上層部に提案してくれたみたいです。

とてもありがたい話ですが、入社して1年という早いタイミングで昇進の話をもらったのには、大前提としてこの2つがあったからだと思っています。

- **会社の業績が大きく伸びていた**
- **会社の中でも、成長部門で働いていた**

年収は本当に、働く会社によって大きく左右されると実感しました。

昇進すると年収が150万円ほどアップするとのこと。

これはもう、断る理由はありませんでした（貯金が底をついて再就職していますから）。

そんなこんなで入社時の年収600万円から、管理職に昇進し、年収は750万にアップ。やりたい業務にもシフトでき、なかなか悪くない会社員生活を送れるようになりました。

この話をしたのは、「仕事できないとか言いつつ、結局はわたし仕事できるんです（ドヤ）」ということを言いたいわけじゃないのです。

ずっと仕事ができなくて悩んでいた、「ダメ社員」だったわたしが、仕事で活躍できるようになったのは、奇跡的な大変身を遂げたからではありません。

むしろ「自分の根本を変えられないからこそ、環境を変えた」、というのがいちばん大きかった。

新卒で入った会社でうまくいかずにくすぶっていたままだったら、今頃どうなっていたんだろう、とふと思います。

当時のわたしのように、あなたも「仕事ができない」と思い悩んではいませんか？

それはもしかしたら、「咲ける場所で咲いていないだけ」なのかもしれません。

○ わたしだって「選べる」

「わたしには何もないから、今のところで働くしか道がない」

「今の会社で仕事ができないのだから、きっとどこに行ってもダメだ」

このようにわたしは、1社目の会社で「この環境を受け入れるしかないんだ」と、我慢し続けて働いていました。

この本を読んでいるあなたも今、当時のわたしと同じように我慢して働き続けているのかもしれません。


でも本当は、あなただって「選べる」はずなのです。


実際には「転職先を探してみる」、「いったん無職になる」、「学校に通ってみる」、「副業をしてみる」、などたくさんの選択肢がある中で、今の環境がつらくても、「そこに残って働く」ということを「自分で選んでいる」のですよね。

そうは言っても、自信がない。行動に移す勇気がない。人と同じようにはいかない。

生活のためには我慢しなきゃいけない。いろいろありますよね。
仕事を選ぶうえで、「しょうがない」ことはたくさんあります。

でも、その「しょうがない」に、あなたは納得できていますか？

わたし自身も、転職するたびに、何かを選ぶかわりに、何かをあきらめてきました。
しかし、そのあきらめは自分で考えて納得した選択だったので、後悔はありません。

1回目の転職

【あきらめた】ホワイト企業の条件
【選んだ】仕事で自信をつけること

2回目の転職

【あきらめた】正社員の安心感
【選んだ】時間と新しい経験

3回目の転職

【あきらめた】家庭中心の生活
【選んだ】正社員とお金

人によって「何をしょうがないとするか」は、ぜんぜん違います。**だけど、しょうがないと思えないから苦しんでいることには、「しょうがない」とあきらめてほしくないのです。自分のために。**

えらそうに書いていますが、これまで「しょうがない」とすべてをあきらめていたわたしだからこそ、ここだけは伝えたい。そう思っています。

こむたろの気づき

本当につらいことを、「しょうがない」とあきらめない

第7章の変化

Before

- 仕事が思ってたんと違って、めちゃくちゃ苦痛……

After

- 信頼貯金を貯めてから交渉したことで、働きやすくなる
- 入社1年で昇進し、年収が750万円にアップ

第8章

ポジティブにあきらめれば働く選択肢が広がる

～自分に合う働きかたを見つける方法～

19 わたしは会社員をあきらめた

第7章までは、わたしの過去の話をしてきました。
ここからは、現在のわたしの働きかたの話をさせてください。

あれほど夢見た、働きやすくて居心地のよかった会社を、わたしは結局辞めることにしました。今度はこんな愚痴が自分の中にたまり始めたからです。

・朝起きた瞬間から時間に追われる
・平日ほぼ仕事しかしてない
・子どもが寝るまで家事と育児に追われる
・子どもと過ごす時間が足りず、モヤモヤ

・土日もなんだか休んだ気がしない
・限られた自由時間を夫と取り合いになる
・仕事にもちょっと飽きてきた

このように挙げていますが、正直、会社に大きな不満はありませんでした。

しかし、わたしにとっては週5日フルタイムで働くことが、とにかくしんどかったのです。

この生活って、現代ではめずらしいことじゃないですよね。

わたしの場合はリモートワークが基本だったし、その時点で恵まれていると感じる人も少なからずいると思います。


しかし、もともと体力がなく、〝キャパが狭いタイプ〟のわたしにとって、時間に追われる生活は大きなストレスでした。

こうして、自分の自由な時間を増やすために「別の会社に転職をする」ということはせず、わたしは業務委託の形態で働くフリーランスになることを決めました。

今回は「会社員でいること」をあきらめたのです。

○ フリーランス＝自由に働ける、というワケでもない

昔から、「フリーランス」と聞くと自由に働けるイメージをもっていました。

でも、調べていくうちに気づいたのは、

「場合によっては会社員のほうが自由に働けることもある」ということ。

フリーランスでも1日10時間以上、ほぼ休みなく働いている人もいます。

逆に、会社員でもフレックスタイムの週4日勤務で、わりと自由に働いている人も。

フリーランスでも自由じゃない人もいるし、会社員でも会社に縛られずに働いている人もいるのです。

つまり、自由に働きたいわたしにとって大事なのは、
「箱（雇用形態）」ではなく「中身（どんな働きかたをするか）」でした。

「フリーランスという箱に何をいれるか」はすごく悩みましたが、わたしがたどり着いたのは、何よりも「時間の自由度を優先したい」ということです。

そのため、「稼働時間に縛られる仕事」の割合は、なるべく減らしました。

ここで、実際にわたしが「フリーランスとしての働きかた」をしてみて感じた、メリットとデメリットを具体的に考えてみました。

メリット

- 働く時間や場所を選べる
- 仕事を選べる
- 人間関係の悩みが少ない

・昼寝ができる

デメリット

・安定しにくく、社会的信用度が低い
・経験のない仕事は請けにくい
・スキルアップしにくい
・人とのつながりが広がりにくい（会社員のように自然と人脈の広まる環境ではない）

デメリットはあっても、**〝今のわたし〟にとって「働く時間を選べる」というのは、会社員時代に感じていたモヤモヤを大きく解消してくれるもの**でした。

こむたろの気づき

大事なのは雇用形態ではなく、自分に合う働きかたをすること

20 あなたは「何をあきらめられる」？

「わたしは変化につよくないから、変化の少ない環境で安定して働くのがほっとするんだよね」

ある友人は、仕事にやりがいは感じないけど、安定している今の状態がいちばん安心できると話していました。

「あきらめられるもの」って人によってさまざまなのですよね。

アメリカの心理学者エドガー・シャイン氏が提唱した、「キャリア・アンカー」というキャリア形成の概念があります。

これは、**「仕事をするうえで誰にでも〝譲れない価値観〟がある」**というもの。

自分の「アンカー（働く上での価値観）」を把握することで、納得できる働きかたを選びやすくなるという考えかたです。

このキャリア志向を知ることができる診断テストをしてみた結果、わたしが働くうえでいちばん大事にしたい軸は、「自律・独立」でした。

働くうえでゆずれない軸が「自律・独立」だからこそ、組織の中で決められた時間、決められた業務内容で働くことにストレスを感じやすいのかと、妙に納得しました。

（インターネットで「キャリア・アンカー診断」と検索すると、無料の診断テストが出てきます。ぜひ試してみてください）

会社を辞めようかな、と思い始めてから実際に辞めるまでは、うじうじ悩んで半年以上かかりました。

しかし、思い切って辞めてみた結果、
自分でコントロールできる時間が増え、今のところ満足しています。

○ 仕事が続かないから、続けることをあきらめる

わたしは昔から、ものすごく飽きっぽい性格です。

どんな仕事も1年ぐらい働いていると、だんだん飽きてしまい、そのあとは「辞める」ことを視野に入れながら働いていました。

その証拠に、中学の部活も高校の部活も、1年ほどで辞めたという実績があります。

だから、何回転職をしても「この転職を最後にする」とは思えませんでした。

もしこの先、どんなにいい感じの会社に転職できたとしてもそうだと思います。

そんな自分に、ずっとコンプレックスを感じていました。

だけど最近は、ひとつの仕事を長く続けなくても良いじゃない、という考えに変わ

りました。だってムリなものはムリだから。

そして、こんな働きかたが「これからのあたりまえ」になるかもしれません。

『働き方の未来2035』という報告書があります。

これは、2035年頃を見据え、厚生労働省が中心となり、働きかたについて議論した内容を取りまとめたものです。

この報告書には、こんなことが書かれています。

〝その結果、企業組織の内と外との垣根は曖昧になり、企業組織が人を抱え込む「正社員」のようなスタイルは変化を迫られる。〟

〝企業に所属する期間の長短や雇用保障の有無等によって「正社員」や「非正規社員」と区分することは意味を持たなくなる。〟

〝さらに兼業や副業、あるいは複業は当たり前のこととなる。多くの人が、複数の仕事をこなし、それによって収入を形成することになるだろう。〟

（『働き方の未来２０３５』より引用）

わたしは自分の意志で今の働きかたを選んだつもりですが、こういう働きかたの選択肢が見えたのも、もしかしたら、この大きな流れの中にあるのかもしれません。

こむたろの気づき

時代が変われば、働きかたも変わる

21 いろんな仕事をすることで、飽きっぽい自分を満たす

そんな飽きっぽいわたしがやっているのは、**「いろんな仕事のつまみ食い」のような働きかたです。**

会社を退職した今は、1日4時間～6時間を使い、「業務委託」の形態で次のような仕事をしています。

A社の仕事：直近で働いていた会社の仕事
B社、C社の仕事：中小企業のデジタルマーケティングコンサルティング
D社の仕事：相談に乗る仕事（完全に未経験）

これには、収入を1社に頼らずに分散する、という目的もあります。

仕事によって使う脳みそが違うので、切り替えがむずかしいことがあったり、手広くやりすぎて、新しい知識をアップデートするのにやたら時間がかかったりと、マイナスな面もあります。

それでも、飽きっぽい自分を「飽きさせない働きかたができる」という点で、この働きかたをとても気に入っています。

○「修行中の仕事」を加えてみる

「え、時給1100円？　それはきついなぁ」

わたしが未経験で始めた仕事について、友人と話していたときの相手の反応です。

そう言いたくなる気持ちは、とってもわかります。わたしも、この時給だけを聞いたら正直働きたいとは思えません。

でもこれは、あえて収入をあきらめた結果です。

そのかわり、将来的な幅を広げられるかな、という思惑があるのです。

フリーランスになる前も今も、仕事選びで大事にしているのは、**「将来的な広がりがあるか」**ということ。

学生時代から始まり、「仕事で使えないヤツ」だった期間が長かったせいでしょうか。バリバリ働くことやキャリアアップすることには、モチベーションがないのですが、**「食いっぱぐれない個人になりたい」**という気持ちはけっこう強いのかもしれません。

だからこそ、お金をもらいながら勉強させてもらっている、いわば「修行中」の感覚でいます。でも、家族を養いながら食べていくには、この仕事1本だけではこころもとない。

そんな、相場より低めの時給1100円の仕事（D社）を進んで選択できているのは、これまでの経験を活かせるA・B・C社の仕事が収入の柱としてあるからです。

収入の柱があるから、新しい仕事に挑戦できる

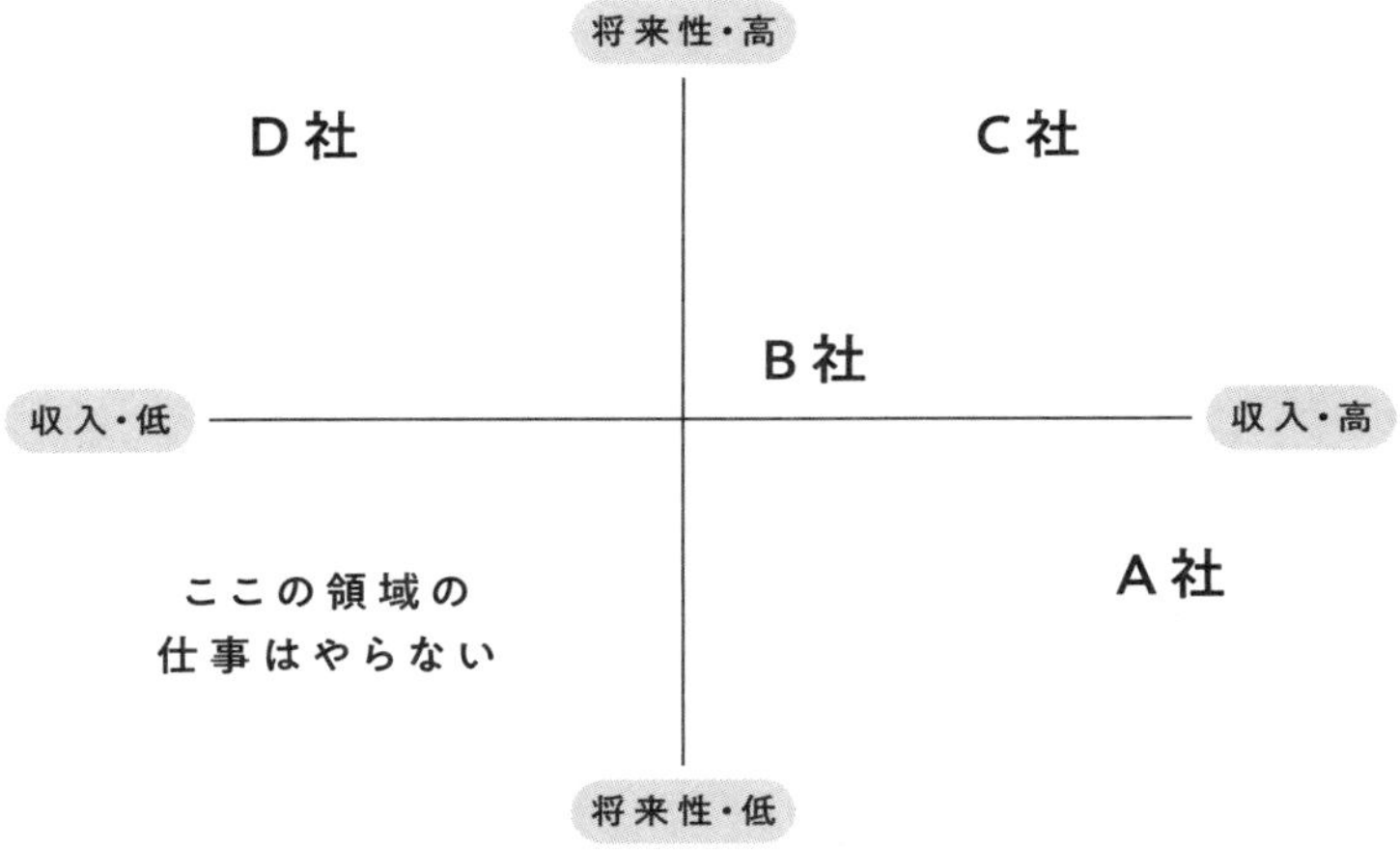

○ 新しい「仕事の芽」の探しかた

では、新しい仕事をしたいと思ったときは、どのように仕事を選べば良いのでしょうか。

将来的な幅を広げるために、わたしが未経験の「修行中の仕事」を始めるときに意識していることを紹介します。

仕事の芽の探しかた① まずはいろいろやってみる

元も子もないですが、結局これがいちばん良いと思っています。

あたりまえだけど、世の中には「やったことがない仕事」のほうが圧倒的に多い。でも、**やったことないことって、どうしても「向いているか」の判断がむずかしいです。**

昔からわたしは、文章を書くのがキライじゃないと思っていました。

でも、試しにWEBライターの仕事をやってみたら、けっこう苦痛だったんです。

ライティングをするうえでの細かいルールを守る、キーワードを意識した文を作る、正しい日本語を使う、誤字脱字をしないなど、気をつけることが多かったからです。


やってみて初めて、大雑把な自分には向いてないな、と気づきました。


「副業」があたりまえになってきた最近では、以前よりも「新しい仕事をちょっとかじってみる」、というのがやりやすくなりました。

わたしの知人にも、新しい仕事に挑戦している人がたくさんいます。

・接客業を数年経験後、ブランク5年以上。その後在宅の営業事務に挑戦した人
・独学で勉強してWEBデザインの副業を始めた人
・ゼロからWEBライターを始めて本業にした人

こういう人たちの共通点は、「いろいろやってみている」ということ。その中で自分に合うと感じたものを続けているのです。

また、続けるためには、「苦痛でない」というのがけっこう大事。

ただでさえ忙しいのに、大事なプライベートの時間を割いてまで、やりたくないことを続けるのはむずかしいからです。

仕事の芽の探しかた② キャパの範囲を超えないようにする

フリーランスになりたての頃のわたしは、未経験の「修行中の仕事」をやっていませんでした。

経験のある仕事しか請けていなかったため、「できることが増えていない」ということにモヤモヤを感じていたんです。

会社員の頃と違って、自主的にスキルを身につけていかないとスキルアップしにくいというのがフリーランスの難点。

しかし、もともとキャパが狭いので、「ムリして新しい仕事を始める」ということはできませんでした。

そんなときに、たまたま請けていた仕事の一部を手放すことになり、時間にちょっと余白が生まれました。クライアントの都合で、企画が打ち切りになったのです。

それが、「未経験の仕事を始めてみよう」と思ったきっかけでした。

何かを始めたくても始められないとき、いちばん最初にやることは、今やっている何かをそぎ落として「スペースを空けること」。

わたしのように時間や体力に余裕がない人は、睡眠など健康を維持するために大事なことを守るためにも、「何をそぎ落とせるか」、をまずは考えてみても良いかもしれません。

「体力、精神力ともにギリギリで何もそぎ落とせません！」という方がもしこれを読んでいたら、どうか焦らないで欲しいです。

わたしも日々の生活を回す、それだけで精いっぱいな日々が何年も続いていました。でもよく考えたら、朝起きて、着替えて、ごはんを食べて、会社に行って、日々の生活を送るだけでも十分にがんばっている。

むしろ働いてなくても、生きてるだけで十分がんばっていると思うのです。

仕事の芽の探しかた③　プライドを捨てる

初めての仕事で、いきなり大活躍したり、ガッツリ稼いだりはできません。

そう頭では理解していましたが、新しい仕事をいざ始めようと思ったとき、年齢的にも、経験的にも、収入的にも、

「ここから始めるの？」というプライドが邪魔してきました。

だけど、新しいことに挑戦するには、「プライドを捨てることが必須」でした。

むしろ、プライドを捨てられる人って最強。

プライドを捨てると、「視野が広がる」、「失敗へのこわさが減る」、「前に進める」など良いことがたくさんあると思っています。

○ 正解のない時代なんだから、「自分にいいね」ができたら満点

わたしは「自分がどう思うか」を無視し続けてきた人間です。

世間的に「いい」と言われていることの「マネ」をすればうまくいくと思い込んで、人生の選択をしていました。

でも実際には、「世間のいい」は、必ずしも「自分のいい」ではありませんでした。

大事なのは「自分に〝いいね〟を送れるか」だったのです。

いろんな人がいて、いろんな生活スタイルや価値観があるのに、良い企業に入る、昇進する、最低3年は働くなど、**「社会的に成功すること」や「社会からはみ出さないこと」だけを「正解」と考えてしまうと、どんどん生きづらくなってしまう気がします。**

短期離職をしたって、無職になったって、転職を繰り返したってどうにかなる。本当にそう思います。

「どうにかならない」と感じるのは、社会からはみ出すことを極端にこわいことだと捉えているから。

社会からはみ出さないことを「あきらめれば」、抜け道は目の前に広がります。そうは言っても、ついつい「正解探し」をしてしまうクセは、わたしもいまだに抜けきれていません。でも、何かに迷ったり悩んだりしたときには、この考えかたを思い出すようにしています。

現在30代後半のわたし。不思議と年齢を重ねることを悲観していません。
年齢を重ねて経験が増えるからこそ、「できることもある」と感じるからです。
（自分よりも少し年上の素敵な人たちが周りにいることもあります）

これからもこの小さなキャパと相談しながら、「働くのはしんどいけど、どうせ働かないといけないのなら」のスタンスで、のっそりとやっていくつもりです。

ときどき休憩をはさみつつ、動きたい気持ちが出たら動いてみる。

そういうことを繰り返しながら、

「どう感じるのか」、「どうしたいのか」を自分にしっかり聞いてあげることだけは、忘れないようにしたいです。

こむたろの気づき

社会からはみ出しても、「どうにかなる」

第８章の変化

Before

・時間に追われる生活がしんどくなってきた
・仕事にもちょっと飽きてきた
・働く時間を選びたい

After

・会社員をあきらめて、フリーランスに転身
・時間のコントロールができるようになった
・「仕事のつまみ食い」で自分の可能性を広げる

おわりに

「ちゃんとする」はあきらめてもいい。
でも「人生」はあきらめなくていい。

「こんな、どこの馬の骨かもわからない人が書いた本を、読んでくれる人なんているんだろうか？」

これは、大和出版さんから書籍化のお話をいただいたとき、初めに浮かんだ正直な気持ちです。これまで30年以上生きてきて、自分が「何者でもない」ということは、身に染みてわかっているつもりです。

転職で年収アップしたと言っても、会社員として年収1000万円以上稼いでいるわけではありません。特別な才能があるわけでもないし、自分よりすごい人は世の中にたくさんいるのに、自分が働きかたの本を出す意味なんてあるのだろうか？

やったことのないことを始めるときには、いつもこんなマイナスな考えが頭の中を占めて、不安になります。「失敗するから、傷つくから、やめたほうがいい」と、もうひとりの自分がささやくのです。

この本の中でも書いていますが、これこそがまさに「思い込み」でした。

本を出す人＝何者かでないといけない。

だから、そうでない自分は「本を出す資格なんてない」、そう思っていたのです。

今回の書籍化も、この「思い込み」を外すところからのスタートでした。


これまでの働きかたの選択を振り返ってみても、わたしは世間の大多数から「いいね」がもらえる選択はしていません。そもそも、苦痛に感じるとすぐに投げ出したくなる性格だし、人と比べてできないことも多々あります。

しかし、よく考えてみると、「ちゃんとできない」からこそ、わたしはこれまでたくさん悩み、迷ってきました。日々のインスタグラムの発信に「共感」してもらえることが多いのは、そんな自分だからではないかと思ったのです。

「何者でもない」からこそ、伝えられることがあるかもしれない。

そう考え、勇気を出してみました。

わたしは、「あきらめること」は「受け入れること」でもあると思っています。

この本を書くと決めたとき、わたしは「すごい本を作る」ということをあきらめました。今の等身大の自分のままで、伝えられることを伝えよう、と。

なにかを踏み出すときには、どんな自分だとしても、「そのままの自分」をまずは受け入れること。これが第一歩であるような気がしています。

そして次に大事なのは、「自分の中にある答えを見つける」ということ。

今の自分を受け入れたうえで、「自分で選ぶ人生」を歩む。これさえできれば、どんな道を歩んだとしても、最終的には自分に「いいね」を送れるのだと思っています。

働くのがしんどい。ずっとこのままでいるのはモヤモヤする。

でもどうしたらいいかわからない。

こんな悩みを抱えながらも、どこかで「人生こんなもん」とあきらめきれないあなたにとって、この本が少しでも前を向くきっかけになれば嬉しいです。

「ちゃんとする」はあきらめてもいい。でも「人生」はあきらめなくていい。

こむたろ

巻末特典

著者オリジナル
「自己理解ワーク」プレゼント!

本書をお買い上げいただいた皆様に、本書内に掲載した「自己理解ワーク」のPDFをプレゼントいたします。
実際に書き込むことで自己理解が深まります。ぜひご利用ください。

ダウンロード方法：下記のQRコード、またはURLからダウンロードし、印刷してご使用ください。

https://daiwashuppan.com/present/hjst1907/index.html

※本キャンペーンは予告なく終了とさせていただく可能性がございます。予めご了承ください。

参考文献

『予想どおりに不合理 行動経済学が明かす「あなたがそれを選ぶわけ」』ダン・アリエリー(著), 熊谷 淳子（訳)/早川書房　2010.10

『キャリアコンサルティング理論と実際 6訂版』木村 周（著), 下村 英雄（著)/雇用問題研究会　2022.5

『自分の答えのつくりかた―INDEPENDENT MIND』渡辺 健介（著)/ダイヤモンド社　2009.5

『新版 キャリアの心理学【第2版】―キャリア支援への発達的アプローチ―』渡辺 三枝子(著)/ナカニシヤ出版　2018.7

『キャリア心理学ライフデザイン・ワークブック』杉山 崇（著), 馬場 洋介（著), 原 恵子(著), 松本 祥太郎(著)/ナカニシヤ出版　2018.10

What is your Ikigai?/ The View inside me /The World Changing Blog By Marc Winn
https://theviewinside.me/what-is-your-ikigai/

独立行政法人労働政策研究・研修機構『VRTカード』
https://www.jil.go.jp/institute/seika/vrtcard/index.html

厚生労働省『職業情報提供サイト　jobtag』
https://shigoto.mhlw.go.jp/User/

厚生労働省『働き方の未来2035』
https://www.mhlw.go.jp/file/06-Seisakujouhou-12600000-Seisakutoukatsukan/0000133449.pdf

“経歴よわよわ”な私の働きかた戦略
「ちゃんとした自分《じぶん》」をあきらめたら、
年収《ねんしゅう》が上《あ》がりました。

2024年1月31日　初版発行

著　者……こむたろ
発行者……塚田太郎
発行所……株式会社大和出版
東京都文京区音羽1-26-11　〒112-0013
電話　営業部03-5978-8121／編集部03-5978-8131
http://www.daiwashuppan.com
印刷所……信毎書籍印刷株式会社
製本所……株式会社積信堂
装幀者……岩永香穂（MOAI）
装画者……にぇり

ISBN978-4-8047-1907-8